Tarot de Marseille

LES GRANDES THÉMATIQUES

Une marque du groupe éditorial PIKTOS
355 rue de la Montagne Noire – 31750 Escalquens

www.editions-trajectoire.fr

@editionstrajectoire Éditions Trajectoire

ISBN : 978-2-84197-698-0

Imprimé en France

Florian Parisse

Tarot de Marseille

LES GRANDES THÉMATIQUES

Éditions
TrajectoirE

AVANT-PROPOS

LE TAROT DE MARSEILLE ET SES ANCÊTRES

Avant d'aborder les 27 chapitres consacrés à l'étude des grandes thématiques de la vie quotidienne sous le prisme du tarot de Marseille, j'ai voulu vous faire voyager au cœur de l'histoire de ce bel outil divinatoire en vous présentant une sélection de plusieurs jeux de tarot anthologiques, dont certaines versions remontent à plusieurs siècles.

Une de mes clientes, passionnée par l'histoire du tarot et dont je loue les connaissances en la matière dans les remerciements, m'a aidé à choisir cette compilation de jeux de tarot mythiques, nous ouvrant ainsi les portes d'une fabuleuse rétrospective sur les versions du tarot les plus inédites. Certaines reproductions de ces versions du tarot dit « de Marseille » ont été réimprimées en édition limitée à la Bibliothèque nationale de France.

Je commencerai par explorer l'histoire de ce tarot de Marseille en vous faisant partager l'esprit de l'émission intitulée *Les mystères du tarot* diffusée le 18 février 2015 à 22 h 30 sur ARTE, un documentaire inédit sur le tarot et son histoire.

A. « LES MYSTÈRES DU TAROT »

Ce documentaire diffusé sur ARTE le 18 février dernier tente de faire la lumière sur les origines du tarot de Marseille et d'en percer les mystères en se basant principalement sur l'étude de quatre arcanes majeurs dont Tempérance, Le Diable, Le Chariot et Le Monde. Il ressort de cette étude plusieurs constatations qui, à mon sens, présentent un intérêt suffisamment grand pour en révéler la teneur ci-après :

Alors que l'on s'accorde à dire que le tarot dit de « Marseille » n'émane pas de la cité phocéenne, où il fut très présent à la fin du XVIIIe et au début de XIXe siècle, ses origines italiennes semblent acquises pour de nombreux historiens. C'est justement un voyage au cœur de l'Italie et de l'âge d'or de la Renaissance italienne qui nous mène à ce bel outil divinatoire.

La première partie du documentaire nous renvoie aux œuvres du peintre Florentin Alessandro Botticelli. C'est pourtant grâce à un article paru en 2007 dans la presse hongroise que commence cette odyssée. En effet, une restauratrice d'art va être saisie par les ressemblances frappantes qui existent entre les œuvres du peintre Botticelli et une fresque du château d'Esztergom, au nord de Budapest, qu'elle s'évertue à restaurer. Elle reconnaît formellement la main d'Alessandro Botticelli, les similitudes étant troublantes à plus d'un égard : en plaçant successivement la lame de Tempérance puis les œuvres du maître florentin, notamment *La Naissance de Vénus* et *La Vénus et les Trois Grâces* auprès de la fresque en question, on observe que les cruches sont analogues, inclinées à l'identique, les lignes du cou sont similaires, la mèche de cheveux partage les mêmes caractéristiques, l'épaule de la Vénus s'apparente à celle de Tempérance, les deux étant dénuées d'os. S'agit-il d'une simple coïncidence qui relève du hasard ou d'un indice plus sérieux ?

Afin d'étayer cette hypothèse, un autre arcane du tarot de Marseille va lui-même livrer des secrets qui accréditeraient la thèse selon laquelle les œuvres de Botticelli partagent des traits communs avec certains des arcanes du tarot de Marseille. Au gré des investigations dans l'univers magique du tarot de Marseille, un dessin de grand format représentant le Lucifer de Botticelli est comparé à l'arcane du Diable. Les caractéristiques des deux figures sont semblables en tout point : on y retrouve les pieds griffus du Diable, les cornes, un strabisme convergeant, les ailes de chauve-souris typiques de cet arcane majeur. En creusant davantage, on se rend compte que les deux représentations mettent l'accent sur l'épicentre du graphisme, à savoir le sexe. Une preuve supplémentaire confirmant les analogies qui règnent entre les tableaux du maître florentin et l'iconographie des tarots de Marseille.

On comprend au fur et à mesure de notre voyage que l'art graphique de l'Italie du XVe siècle regorge de ces figures allégoriques. L'étude de la carte du Chariot en est une preuve vivante. De nombreuses reproductions existent, toutes empruntées à des œuvres italiennes du XVe siècle, comme *le Char de la foi* de Maso Finiguerra ou encore l'esquisse du vénitien Jacopo Bellini dessinée vers 1451. On y retrouve donc la cabine supérieure du Chariot et l'attelage dans différentes images de l'époque, et notamment à Florence. Le char et son conducteur étaient devenus si populaires à cette période que l'architecture florentine est elle-même imprégnée de ce symbole.

L'émission nous fait ensuite part de découvertes encore plus stupéfiantes selon lesquelles les origines du tarot de Marseille seraient à chercher dans les écrits de Platon, grand philosophe de la Grèce antique. C'est un historien et philosophe italien contemporain du nom d'Andréa Rabassini qui nous en fait la démonstration : selon lui, il faut comprendre l'arcane du Chariot comme une image conçue à Athènes au IVe siècle avant J.-C. Plusieurs écrits Platoniciens illustrent la pensée du philosophe grec dans un manuscrit dont certains passages nous sont narrés par Andréa Rabassini pour les besoins du documentaire : selon la pensée platonicienne, l'âme est symbolisée par un char ailé tiré par deux chevaux, dont l'un serait droit et bon, l'autre mauvais. En y regardant de plus près, aussi incroyable que cela puisse paraître, force est de constater que le cheval de droite est bien proportionné ; il évolue dans l'axe de la marche du char tandis que le cheval de gauche est de travers, asymétrique, non aligné avec le char, il a un œil glauque et exorbité, les oreilles velues et sourdes, le graphisme étant en tout point comparable à la description qu'en fait Platon.

La présence de ces images de l'antiquité grecque dans la société italienne du XVe siècle nous mène sur la piste de Marsile Ficin, un grand savant qui fit sa renommée en retranscrivant les œuvres et les dialogues de Platon du grec au latin. En continuant leur enquête, les historiens et autres philosophes, dont André Rabassini, se sont aperçus que Ficin avait légèrement travesti les propos de Platon, rajoutant parfois des détails qui ne figuraient pas toujours dans les écrits originaux. Ainsi, Ficin parle du personnage du char, et notamment de sa tête comme étant à la fois « une et dédoublée », ce concept de doublons faisant sous doute écho aux deux visages en forme de croissant de lune qui ornent les épaules du jeune empereur de la carte de tarot. En réalité, ce détail n'apparaît pas dans les écrits de Platon. Il ajoute aussi que les chevaux sont soudés, unis pour la vie tels des frères siamois et, à y regarder de plus près, les deux chevaux sont en effet reliés l'un à l'autre au niveau du buste. Là encore, cette caractéristique ne figure pas sur l'original du philosophe grec. Ficin aurait-il donc eu un rôle majeur dans l'élaboration de ses cartes à jouer ?

Le documentaire nous révèle que Ficin créa un lieu de convivialité qu'il nomma « l'Académie », une institution fortement inspirée de celle de Platon, un lieu d'échanges philosophiques au sein duquel les jeunes gens se divertissaient tout en intégrant les préceptes moraux et la dialectique si chers à Platon. Dans le château des Sforza, à Milan, on retrouve un des premiers jeux de cartes pédagogiques daté de 1515 conçu par le moine franciscain Thomas Murner, professeur d'université, visant à mémoriser des concepts du droit romain par les étudiants de l'époque. Ficin aurait-il pu être lui aussi l'inventeur d'un jeu de tarots pédagogique dont le but aurait été d'enseigner l'idéologie néoplatonicienne au sein de son Académie ? Un chercheur en iconographie du nom d'Alberto Milano nous révèle qu'un jeu de tarot dit « de Marseille » fut repêché au fond d'un puits du château des Sforza pendant sa rénovation au début du XXe siècle, attirant notre attention sur l'arcane du Monde, en tout point identique au graphisme de l'arcane encore utilisé de nos jours. Cette carte confirmerait l'influence de Ficin dans la conceptualisation du tarot. Marsile Ficin décrit cette carte dans son *Traité sur l'immortalité des âmes* comme l'âme délivrée du corps, cette âme sitôt libre s'élèverait pour gouverner les quatre éléments de l'univers. Il compare cette âme au fils de Dieu, qu'il qualifie d' «âme du monde » et qui serait en résonnance avec la théologie platonicienne.

À la lumière des indices observés dans ce documentaire, il semblerait que les tarots de Marseille offrent une synthèse entre l'art de Botticelli et la pensée de Marsile Ficin, tous deux contemporains et intimes de Laurent de Médicis. Auraient-ils pu œuvrer ensemble pour créer ses cartes de tarot ? Stéphane Toussaint, directeur au CNRS et président de la Société de Marsile Ficin, nous présente une fresque de Botticelli représentant les trois grâces, dont la jeunesse, la joie et la gloire. Dans son *Traité sur la vie* écrit en 1489, Marsile Ficin indique que le culte rendu aux grâces est un élément central de la vie sociale et intellectuelle, transposant ainsi les idéaux ficiniens et platoniciens dans la société florentine de l'époque. La pensée de Ficin influence l'art de Botticelli. Selon Stéphane Toussaint, Ficin offrit des conseils pour vivre dans l'harmonie céleste et fit réaliser des talismans et des horloges par ses amis artistes et artisans. On apprend que Ficin s'adonnait à l'astrologie, à tel point qu'il fit l'apologie d'une horloge zodiacale dans l'un de ses écrits. On note par ailleurs que plusieurs arcanes majeurs du tarot renvoient à des images astrologiques, à l'instar de la Lune, du Soleil ou de l'Étoile... À cet égard, nous verrons que Ficin institua une classification des arcanes majeurs selon les planètes, un tableau qui nous est dévoilé dans ce documentaire et que je vous présente dans le chapitre 24 consacré à l'astrologie.

Le dernier volet de l'émission reprend l'étude du Diable en tentant d'expliquer pourquoi l'expression de sa virilité se situe au centre de l'arcane comme dans le Lucifer de Botticelli, un dessein qui servit d'illustration pour la *Divine Comédie* de Dante : dans cette épopée, Dante narre son voyage au travers des portes de l'Enfer, du purgatoire et du Paradis. Dans leur descente aux enfers, Dante et Virgile sont amenés à rencontrer Lucifer au centre de la Terre. En transposant l'univers dantesque au tarot de Marseille, on constate que l'arcane du Diable figure deux prisonniers en lieu et place de Dante et Virgile. Dans ses écrits, Ficin aborde le mythe de la caverne tel que Platon l'avait imaginé. On y retrouve deux prisonniers ficelés au fond d'une grotte obscure. Fidèle à lui-même, Ficin réinterpréta la scène dans une des lettres qu'il publia en 1480 en y ajoutant des détails inédits, notamment en présentant les deux prisonniers les mains liées dans le dos, une torche allumée dans leurs dos. Le Diable serait donc la caverne de Platon revisité par l'idéologie chrétienne de Ficin. Dès lors, il apparaît évident que Ficin tenta de jumeler la caverne de Platon et l'enfer chrétien au travers de l'arcane du Diable.

Enfin, si Marsile Ficin est l'auteur du tarot de Marseille, il n'en aurait pas revendiqué sa paternité en raison des menaces d'hérésie que l'église brandit à son encontre. Rappelons que Ficin était également prêtre, et que sa vision de l'enfer allait à contre-courant de la philosophie religieuse de l'époque.

Continuons maintenant notre odyssée dans l'histoire du tarot au travers d'une rétrospective dédiée aux principaux jeux de tarot. Je me propose de vous faire redécouvrir une sélection de jeux de tarots, dont certains sont essentiels pour comprendre les origines du tarot de Marseille. J'ai choisi ces jeux car ils sont emblématiques des iconographies médiévales et représentent au mieux les ancêtres du tarot de Marseille tel que nous le connaissons majoritairement aujourd'hui, notamment sous les habits de Camoin ou de Grimaud.

B. LES TAROTS VISCONTI. 1441

Voici sans nul doute le plus ancien jeu de tarot restauré par un peintre bulgare du xxe siècle, un jeu mythique en parfaite adéquation avec l'univers graphique du xve siècle qui transcenda l'âge d'or de la Renaissance italienne. Ce tarot, revisité par l'historien Giordano Berti et l'ésotériste Tiberio Gonard, est un véritable chef-d'œuvre de beauté tant les enluminures sont restaurées avec soin et précision. L'histoire de l'art semble s'être invitée dans cet univers magique du tarot.

Ce petit bijou de création fut fabriqué pour divertir les cours princières de l'époque, notamment en Lombardie. Si son utilisation à des fins divinatoires ne fait aucun doute, elle est apparue beaucoup plus tardivement. Se présentant dorées à l'or fin, ces cartes de tarot d'une rare beauté, aux couleurs vives, remontent très précisément à 1441, sous le règne de Filipo Mario Visconti (1392-1447). La présence caractéristique des trois anneaux qui ornent les manteaux de l'Empereur et de l'Impératrice signe leur appartenance à Francesco Sforza et Bianca Maria. Ce jeu de tarot demeurera une inépuisable source d'inspiration pour tous les arcanes enluminés créés ensuite pour les besoins des cours milanaises. Ce tarot renferme de nombreuses allégories médiévales du xve siècle ainsi que les vertus cardinales.

Contrairement au tarot de Marseille utilisé à notre époque, le nom des arcanes majeurs est renseigné sur le rebord droit de l'arcane de bas en haut et non en haut de la cartouche comme cela est habituellement le cas.

Je vous propose une étude comparative des 22 arcanes majeurs par rapport à la version du tarot de Marseille de Camoin que j'utilise en divination à titre personnel.

LE FOU : le personnage porte sept plumes dans les cheveux et une massue en lieu et place du cabas auquel nous nous sommes généralement habitués sur les versions contemporaines. Contrairement au tarot de Camoin, où le Mat marche vers la droite de l'arcane, le Fou de Visconti se tient statique debout face à nous. Aucun animal ne lui attaque les flancs. En revanche, il est vêtu de haillons, un trait commun à de nombreuses versions du tarot de Marseille.

LE BATELEUR : l'arcane figure un vieux monsieur barbu assis à une table posée sur deux tréteaux. Il représente le *bagatella*, ce magicien illusionniste que l'on rencontre alors fréquemment dans les rues de l'Italie du xve siècle. Le personnage du Bateleur se différencie du jeu de Camoin par sa maturité, en rien comparable au jeune homme que nous avons coutume de voir à l'image. Il est positionné de profil, tourné au trois-quarts à gauche de l'arcane, et non de face tel que nous le présente Camoin.

LA PAPESSE : son iconographie transcende les âges sans prendre de rides ! Elle reste richement vêtue, coiffée de la tiare pontificale, et demeure assise face à nous. La seule différence notable avec le tarot de Camoin réside dans le fait qu'elle tient son livre de la main gauche et non sur ses genoux, sa main droite tenant, quant à elle, une croix, un symbole supplémentaire de la foi chrétienne.

L'IMPÉRATRICE : Camoin est resté fidèle à l'iconographie de l'époque. Dans le jeu de Visconti, l'impératrice se tient assise face à nous ; elle arbore fièrement les emblèmes du pouvoir, dont l'écu frappé du symbole de l'aigle impérial, à l'instar du jeu de Camoin, qui a restitué ce sigle sur l'image.

L'EMPEREUR : le personnage est assis dans le sens opposé à celui du monarque représenté dans le jeu de tarot de Camoin. Il figure un vieillard coiffé d'un large chapeau en lieu et place d'une couronne, celui-ci étant décoré de l'aigle impérial.

LE PAPE : le personnage du Pape demeure quasiment inchangé, restant fidèle aux versions traditionnelles du tarot de Marseille. En revanche, les deux pèlerins qui se prosternent à ses pieds sont absents des tarots Visconti. Ils semblent avoir été ajoutés ultérieurement à l'iconographie de l'arcane.

LES AMANTS : cette appellation remplace celle de « l'Amoureux », que l'on retrouve dans des versions plus tardives. On distingue un couple de jeunes gens se tenant la main devant une fontaine sur laquelle est juché un ange ailé aux yeux bandés. Contrairement au tarot de Marseille de Camoin, la scène dépeint deux personnages et non trois.

LE CHAR : l'attelage, qui est tiré par deux chevaux blancs, est présenté de profil et non de face. Il est conduit par une reine, et non par un jeune roi, dont les membres inférieurs ont disparu derrière l'armature du char. Elle tient un spectre de la main droite, à l'instar du jeune homme dans la version de Camoin.

LA JUSTICE : elle est richement vêtue et conserve son glaive et sa balance. On aperçoit un cheval blanc et son cavalier muni d'une épée surplombant le mortier de dame Justice dans la partie haute de l'arcane, une scène inexistante sur les autres tarots de l'époque.

L'HERMITE : il est coiffé d'un énorme chapeau que l'on ne retrouve pas sur les versions plus récentes du tarot de Marseille. Il conserve son bâton de pèlerin, mais tient un sablier à la place d'une lanterne. Ce sablier symbolise l'écoulement du temps qui passe, dont notre vieillard en est l'exemple vivant.

LA ROUE DE FORTUNE : l'iconographie du Visconti figure une roue autour de laquelle gravitent trois curieux personnages. Une femme aux yeux bandés pourvue de grandes ailes se tient campée au centre de la roue, occultant les rayons de cette dernière. Ce personnage central est inexistant dans le tarot de Camoin, au même titre que le vieillard vêtu de blanc apparaissant à quatre pattes en bas de l'image, donnant l'impression de supporter cette roue sur son dos. En outre, la roue tourne dans le sens des aiguilles d'une montre sur les tarots Visconti, l'ascension se fait sur la gauche et la descente à droite. C'est l'inverse dans le Camoin.

LA FORCE : un homme vêtu d'une cuirasse s'apprête à frapper le lion d'une massue qu'il brandit de ses deux mains. Le lion se présente en bas de l'image en position de soumission. On est loin de l'image de cette femme plantureuse qui entrouvre la gueule du fauve de ses mains d'un geste délicat.

LE PENDU : il reste identique au personnage de Camoin, à l'exception des poutrelles bien lisses qui ne présentent pas d'aspérités ou de branches sciées sur les côtés. Il est rattaché à la Prudence, une des principales vertus cardinales.

LA MORT : l'arcane figure un squelette dont le crâne est entouré d'un torchon blanc, telle une papillote ; il tient un grand arc de la main gauche. On observe de nombreuses différences avec le tarot de Marseille de Camoin : l'arc a disparu au profit d'une faux sur le Camoin, le sol est devenu noir jonché de têtes décapitées alors que le squelette du Visconti est debout sur un sol verdoyant sur lequel aucun cadavre n'est à remarquer. Enfin, le squelette nous fait face ; il n'est ni voûté ni incliné sur sa droite.

TEMPÉRANCE : le personnage est vêtu d'une robe étoilée. Il est dépeint avec les deux jarres qui sont si caractéristiques à son iconographie, même si, dans cette version, aucun liquide ne semble s'en écouler. Par contre, Tempérance n'est pas pourvue d'ailes, comme c'est le cas chez Camoin.

LE DIABLE : on retrouve les deux prisonniers enchaînés à ses pieds. Contrairement au tarot de Camoin, notre Diable n'est pas perché sur un dais, une fourche vient remplacer l'épée et des flammes semblent jaillir du sol lui léchant les pieds.

LA TOUR : cette tour est totalement éventrée à la verticale, frappée de plein fouet par la foudre. L'éclair jaillit de son côté gauche et non à droite de l'image, comme on l'observe sur la Maison-Dieu. Dans le Camoin, seuls les créneaux sont étêtés par la foudre. Les deux personnages sont précipités dans le vide ; aucun ne se trouve à terre, comme on a l'habitude de le voir sur les versions récentes du tarot de Marseille.

L'ÉTOILE : une femme élégamment vêtue attrapant une grande étoile dorée à huit branches remplace notre bonne fée du tarot de Camoin, dont la nudité saute aux yeux. La végétation est certes luxuriante, mais aucun ruisseau ni aucun arbre ne sont visibles sur l'image. Cette femme se tient debout et non agenouillée, comme dans d'autres versions, elle a la tête inclinée vers la droite. L'iconographie rappelle fortement celle de Vénus.

LA LUNE : cet arcane est totalement différent de la version de Camoin. Il figure une femme debout agrippant un croissant de lune de sa main droite, des cordelettes dans sa main gauche. Les deux chiens campés en vis-à-vis, l'écrevisse et son étang ainsi que les deux tours en arrière-plan ont disparu au profit de cette femme contemplant un croissant de lune.

LE SOLEIL : un jeune garçon nu pourvu d'ailes noires est suspendu en l'air sur un nuage turquoise duquel il tient un masque en forme de soleil du bout des bras. Le nuage sur lequel flotte notre angelot surplombe une chaîne de montagnes, un paysage qui a été remplacé chez Camoin par une plage occupée par des jumeaux. Le jeune homme ne porte pas de pagne, comme les jumeaux de Camoin, mais arbore une longue écharpe qui lui traverse tout le corps.

LE JUGEMENT : trois personnages, dont un vieux monsieur, apparaissent au fond d'un tombeau ; deux d'entre eux semblent prier le Saint-Père, qui se présente à nous coiffé d'une couronne, une épée dans sa main droite. Il se tient entre deux anges tutélaires jouant de la trompette de part et d'autre de la carte. Cette scène rappelle le Jugement dernier. Cet esprit a été conservé dans les versions du tarot de Marseille parues ultérieurement.

LE MONDE : cet arcane des tarots Visconti est très différent des autres jeux de tarot. Il met en scène deux angelots quasi identiques vêtus d'une écharpe autour du cou soulevant fièrement un globe au centre duquel se trouve dessiné un magnifique château construit sur un îlot, le tout sous un ciel bleu clair parsemé d'étoiles. Cette iconographie remplace les quatre éléments ornant la carte du Monde dans le tarot de Marseille de Camoin.

Hormis ce fabuleux jeu de tarot, la première mention d'un jeu de « *carte da trionfi* » apparut en 1442. Il fut peint pour la famille d'Este à Ferrare.

- **LE TAROT DE CHARLES VI. SECONDE MOITIÉ DU XVe SIÈCLE**

Voici un jeu de tarot de la même époque que les tarots Visconti, connu comme le tarot doré de la Renaissance. On crut longtemps, à tort, qu'il fut le plus vieux tarot de Marseille, une proclamation qui n'a pas résisté aux observations des historiens. Ce très beau tarot, conservé à la Bibliothèque nationale de France, reste une énigme à bien des égards. On suppose qu'il est d'origine italienne, vraisemblablement bolonaise.

C. LE TAROT DE JEAN NOBLET. VERS 1650

Jean Noblet, qui officiait comme maître cartier au Faubourg-Saint-Germain à Paris vers 1650, produisit ce jeu de tarot, dont l'esprit s'inscrit parfaitement dans la pure tradition picturale milanaise. Il demeure le plus ancien tarot populaire recensé à ce jour à la Bibliothèque nationale de France. Il a été reconstitué à l'identique de l'original et restauré dans les règles de l'art par Jean-Claude Flornoy, cartier-enlumineur. Il se singularise des autres jeux de tarot par son petit format unique et pratique à transporter. C'est le tout premier exemplaire connu de tarot dit « de Marseille ».

Arrêtons-nous un instant sur quelques-uns des 22 arcanes majeurs qui présentent des différences significatives avec le tarot de Camoin. Vous remarquerez que les lames ont parfois des appellations uniques à l'instar du LLBATELEVR, de LEMPERATRISE, de LEMPEREVR, du LLECHARIOT, ou encore de LEMPERANCE pour qualifier notre Tempérance. Les lettres semblent attachées toutes les unes aux autres, entremêlés de chiffres romains, comme dans IVUSTICE ou dans LAROVE DE EORTVNE. Regardons maintenant ce que le graphisme nous dévoile :

LLBATELEVR : il y a trois gobelets sur sa table et non deux. Il ne tient plus de baguette de sa main droite, mais un drôle d'objet ressemblant à un bout de lanière. Un livre a demi ouvert et son marque-page remplace la trousse que nous visualisons chez Camoin.

LEMPEREVR : son iconographie est quasi identique à celle représentée sur le tarot de Marseille de Camoin, sauf qu'il prend appui sur son écu et non sur son fauteuil et qu'il est tourné vers la droite.

LE PAPE : il se présente debout à l'image, face à ses fidèles, ce qui est rarement le cas dans les autres jeux de tarot de Marseille, quelle que soit l'époque à laquelle ils appartiennent.

LAMOVREVX : l'ange a les yeux bandés d'un ruban rouge, et le personnage central ne porte pas de chaussures.

LECHARIOT : l'inscription **IN** apparaît sur la devanture du chariot, et les chevaux sont de couleurs différentes.

IVSTICE : on dirait que sa poitrine est exagérément mise en évidence sur le tarot de Jean Noblet.

LEPENDV : il semble grimacer et nous tend la langue.

LAMORT : le squelette fauche vers la gauche de l'image, contrairement à notre arcane sans nom qui fauche sur sa droite.

LA MAISON DIEV : on ne distingue pas la porte en bas de la tour de laquelle crapahute l'un des deux personnages sur le tarot de Camoin.

LE SOLEIL : la distinction homme femme est clairement établie sur ce tarot entre les deux protagonistes à l'image. Si la demoiselle reste très peu couverte, comme sur la version de Camoin, le jeune homme de gauche est, quant à lui, partiellement vêtu, à l'exception d'une jambe, qui reste nue.

LE MONDE : notre demoiselle au centre de la mandorle a nettement perdu de sa grâce sur cet arcane ; elle a un corps musclé, tel un athlète. Elle porte une cape et non une simple écharpe. Le caractère androgyne du personnage est conservé.

LE FOV : il ressemble à notre Mat, à quelques petits détails près. Il a les fesses à l'air et son sexe est comme mis à l'honneur par l'animal qui semble vouloir s'y agripper. Il est aussi visible que celui du Diable, sinon plus ! Son bâton ressemble bien plus ici à une canne, dont la poignée est garnie d'une tête d'humain.

• LE TAROT DE JACQUES VIEVILLE. 1650

Ce tarot, qui répond en tout point aux canons de la tradition picturale piémontaise apparut à la même époque que celui de Jean Noblet. Il demeure l'un des rares jeux de tarots complets du XVIIe siècle. Ce type de tarot semble avoir inspiré des jeux réalisés à Rouen et à Bruxelles au XVIIIe siècle. Il est très intéressant d'un point de vue visuel tant les arcanes sont parfois différents des autres jeux de tarots dit de « Marseille ». Si son iconographie paraît surprenante au premier coup d'œil, il convient d'observer deux spécificités propres au tarot de Jacques Vieville, à savoir :

- Les arcanes ne sont pas nommés ;
- La numérotation est altérée par rapport aux autres jeux de tarot : l'arcane 8 figure le Chariot alors que l'arcane 7 représente la Justice. Il en va de même avec l'Hermite, qui porte le numéro 11 et la Force le numéro 9. L'ordre habituel est ainsi chamboulé.

Notons aussi que le graphisme de certains arcanes est parfois si éloigné des autres versions du tarot dit « de Marseille » que les lames en deviennent presque méconnaissables. Ainsi, notre traditionnelle « Maison-Dieu » a disparu au profit d'un arbre au pied duquel on distingue des moutons ou des chèvres ! Dans le même esprit, l'arcane de « l'Étoile » figure un homme assis, une paire de ciseaux dans la main gauche, un livre dans la main droite... Quant à l'Hermite il marche vers la droite alors que le Mat se dirige vers la gauche, à contre-courant de nombreux autres jeux de tarot. À méditer...

D. LE TAROT DE PIERRE MADENIÉ. 1709

L'un des plus anciens et des plus beaux jeux de tarot réalisé à Dijon par Pierre Madenié en 1709 et dont un exemplaire unique est conservé au musée national suisse de Zurich. Ce tarot demeure un petit bijou en termes d'iconographie, tant au niveau de ces couleurs qu'au niveau pictural.

- **LE TAROT DE JEAN DODAL. 1701-1715**

Voici un autre jeu de tarot appartenant à la même période. Originaire de Lyon, ce tarot dit « de Marseille » semble avoir été conçu selon des procédés de fabrications propres aux vitriers et aux graveurs. Son visuel et sa patine présentent une forte parenté avec les vitraux des cathédrales. Son iconographie va fortement influencer le graphisme des tarots italiens du XVIIIe siècle. Ce jeu de « tarault », comme on le surnommait à l'époque, vaut vraiment le détour. Son graphisme semble s'être inspiré du tarot de Jean Noblet, à quelques détails près, qui sont venus se greffer entre-temps, tels que l'œil figurant sur le ventre de l'Étoile, les seins nus de Tempérance, elle-même portant six doigts à une main, quatre à l'autre... Ce tarot fut ensuite diffusé à grand tirage par Jean-Pierre Payen, si bien qu'il devint extrêmement populaire à son époque. Un petit chef-d'œuvre de création.

E. LE TAROT DE NICOLAS CONVER. 1760

Ce maître cartier Marseillais reste connu aujourd'hui pour être celui dont s'est inspiré Alessandro Jodorowsky, ce dernier travaillant en étroite collaboration avec l'héritier des Camoin. Le Conver se reconnaît par son fond bleu pâle et par l'écusson **VT** que l'on retrouve sur le Chariot. La version d'origine, de conception artisanale, utilisant les anciennes techniques du pochoir et de la xylographie, comporte six teintes différentes alors que les versions suivantes, notamment après 1880, ont été allégées en couleur. S'il est sans doute le tarot le plus connu au monde, il a été considéré à tort comme l'original du tarot de Marseille. En réalité, à y regarder de plus près, ce jeu rompt avec la tradition des tarots de Marseille, certains de ses atouts étant totalement différents de tarots plus anciens.

F. LE TAROT DE PAUL MARTEAU, DIT « TAROT DE GRIMAUD ». 1930

Quand Paul Marteau créa son jeu de tarot, il utilisa le tarot italien de Grimaud de 1891 en y restituant la Papesse et le Pape. Ce jeu est une réédition du tarot d'Arnoult (1748). Ce tarot italien est classé dans la catégorie des tarots dits « de Besançon ». Ainsi naquit « l'ancien tarot de Marseille » : le Grimaud, un jeu de tarot toujours utilisé de nos jours.

Voilà donc les principaux jeux de tarot que je souhaitais vous présenter. Le but de ce livre n'étant pas un inventaire sur l'histoire du tarot, je vous laisse libre de découvrir d'autres tarots d'anthologie tels que le tarot de Catelin Geoffroy de 1557, par exemple.

Après avoir parcouru l'histoire du tarot de Marseille, découvrons dès à présent les grands thèmes de nos sociétés contemporaines sous le prisme du tarot de Marseille.

INTRODUCTION

Un arcane de tarot dépeint une magnifique carte postale à lui seul, une fresque d'une rare beauté, une invitation au voyage et à la méditation. Alors que chaque arcane majeur est généralement connu du grand public pour traduire un concept unique, en réalité, et selon le contexte, une lame du tarot de Marseille renferme un trésor insoupçonné, une mosaïque de significations très diverses.

Avant de pouvoir contempler chacune de ses œuvres d'art et d'utiliser ce bel outil divinatoire comme un langage universel au même titre que n'importe quelle langue étrangère, il faut s'immerger au préalable dans sa culture et ses codes, et donc apprendre à décrypter et à comprendre l'iconographie de chaque lame. Ainsi, lire le tarot de Marseille revient alors à parcourir une bande dessinée, à contempler un album photo, à visualiser le scénario d'un film !

Partant de ce constat, j'ai donc pris la décision de créer ce glossaire qui pourra servir de tuteur aux apprentis. Ce livre sur les grandes thématiques de la vie courante a le mérite d'aborder des sujets divers et variés, dont certains n'ont jamais été traités auparavant. Cet ouvrage contemporain est basé sur la culture du détail, ce fameux petit détail qui fait toute la différence, permettant à chacun d'entre nous d'enrichir ses interprétations des tirages de tarot et d'en faciliter leur compréhension. Une bonne connaissance de ces grandes thématiques permettra aux apprentis de faire un grand bond en avant dans leur maîtrise du tarot de Marseille et de ne pas se retrouver en panne d'inspiration devant leurs tirages.

Soucieux de rendre ce livre « vivant » et attrayant, en phase avec les réalités du monde actuel, je me suis basé essentiellement sur le vécu de mes consultations et les milliers de client(e)s que j'ai eu l'honneur de recevoir sur Paris depuis plus de dix ans, mais aussi sur les avis et l'expérience de celles et ceux qui ont participé activement à mes ateliers de tarot, autant d'anonymes sans lesquels ce livre ne révèlerait pas toute sa saveur et cette richesse.

Afin d'intégrer toutes ces notions, j'ai jugé utile de faire apparaître les arcanes emblématiques de thème traité en haut de page, facilitant ainsi leur assimilation pour quiconque possède une mémoire visuelle.

Bien évidemment, vous pouvez apporter votre pierre à l'édifice en y incluant vos expériences personnelles au fur et à mesure de votre apprentissage. Inutile de vouloir tout apprendre par cœur, je crois que la meilleure stratégie pour retenir les multiples significations des arcanes majeurs consiste à se plonger dans un thème, selon son tirage et les besoins recherchés.

Grâce à mon livre, vous serez armés pour décrypter vos tirages les plus improbables, et ce quelle que soit la méthode de lecture que vous affectionnez (tirage en croix, en ligne, à deux cartes...).

Vous souhaitant bonne lecture.

Chapitre I
le tarot de Marseille et l'habitat

L'habitat étant l'une des thématiques les plus récurrentes dans l'étude du tarot de Marseille, il convient donc d'y apporter le plus grand soin.

A. En termes de logement et d'habitation, les deux arcanes majeurs emblématiques de ce domaine sont LA LUNE et LA MAISON-DIEU. Ils offrent tous deux des spécificités sur lesquelles il convient de s'attarder, à savoir :

LA LUNE : elle représente l'immobilier au sens très large du terme, autant une agence immobilière qu'un complexe hôtelier, une zone résidentielle voire un local professionnel.... Toutefois, on y voit communément une analogie avec la mère nourricière. On associe traditionnellement cet arcane au cocon familial, à un foyer au sein duquel on retrouve l'intimité et la chaleur de son chez-soi. Ainsi, en matière d'habitat, la présence de la lune dans un tirage de tarot dépeint fréquemment une maison familiale ou une petite maison individuelle…

LA MAISON-DIEU : alors que la Lune parle principalement de maison individuelle et de résidence à dimension humaine, cet arcane évoque d'abord un immeuble d'habitation. En règle générale, la Maison-Dieu matérialise les appartements et la vie communautaire au sein d'un même immeuble. En effet, l'iconographie de la carte fait apparaître trois petites fenêtres, très haut placées, situées à deux niveaux différents, faisant ainsi écho aux différents étages d'un immeuble d'habitation. Cette sensation de hauteur est magnifiée par la présence des deux personnages qui sautent dans le vide, comme pour échapper aux flammes qui lèchent les créneaux de la tour. Cette lame rappelle étonnamment les immeubles haussmanniens ou en pierre de taille rencontrés dans les grandes villes. À y regarder de plus près, la couleur de l'édifice et son graphisme font ressortir les pierres apparentes ; on y distingue des briquettes. Par extension, on retrouve également cet arcane dans les tirages de tarot pour décrire un gratte-ciel, une tour de plusieurs étages et les châteaux. Enfin, cette tour et son créneau qui s'effondre matérialisent les combles d'un appartement ou le grenier d'une maison, la partie haute d'une habitation. C'est aussi, par opposition à l'Arcane Sans Nom qui évoque principalement le rez-de-chaussée, le dernier étage d'un immeuble.

B. Après avoir décrit les deux arcanes emblématiques de l'habitat, explorons maintenant les intérieurs et les extérieurs de votre domicile. Commençons donc par les principales pièces à vivre, à savoir :

L'ÉTOILE : elle représente la salle de bains. En effet, l'arcane dépeint une femme nue qui utilise des jarres pour capter de l'eau. Elle fait référence aux bains orientaux, aux hammams, aux ablutions et donc à la toilette intime.

LA LUNE : elle représente la chambre à coucher. L'astre nous plonge dans la nuit, le moment du sommeil et des songes. Elle matérialise le monde onirique et les portes de l'inconscient.

LE BATELEUR : il représente communément la cuisine. La table et les couteaux font immédiatement écho au cuisinier qui s'apprête à nous concocter un plat. Si la table de notre bateleur évoque volontiers le plan de travail d'une cuisine, les pieds de cette table renvoient aussi à ceux d'une table de salle à manger, au même titre que les couteaux et les verres disposés sur cette table. Seuls les arcanes environnants permettront de préciser la pièce à vivre dont il s'agit.

TEMPÉRANCE : elle représente essentiellement la salle à manger. Elle matérialise souvent les arts de la table, à l'instar de notre bateleur, l'accent étant mis sur la convivialité et les boissons. En raison du liquide blanchâtre que verse Tempérance d'une cruche à l'autre, à l'image d'un sommelier qui nous propose une dégustation de ses grands crus, et de la position de ses bras, qui ressemble à un mouvement de balancier, on l'associe communément au service de table, à une hôtesse qui nous accueille chez elle. Ce liquide qui coule entre les deux jarres évoque certes de l'eau ou du vin que l'on vous verse à table, mais surtout l'idée de « boire un verre »...

L'EMPEREUR : il représente le salon. Il trône nonchalamment sur un grand fauteuil cossu dont le dossier rappelle le style Louis-Philippe. Le type de fauteuil et la position détendue de cet empereur évoquent un lieu de convivialité et de réception, à l'instar d'un salon ou d'un boudoir.

LA PAPESSE : elle représente la bibliothèque. Le livre qu'elle tient de la main gauche évoque un coin lecture où il fait bon méditer.

L'ARCANE SANS NOM : elle représente la cave, le sous-sol et le rez-de-chaussée. L'Arcane Sans Nom présente un rapport à la terre qui se manifeste au travers de l'image de la faux et de la moisson. Des mains et des têtes jonchent le sol. Elle symbolise autant une terrasse qu'un revêtement au sol. Elle évoque tout ce qui se trouve à même le sol, tel un rez-de-chaussée, mais également les caves (idée de terre battue) et les sous-sols, puisqu'on l'associe communément à des fouilles archéologiques, la faux évoquant l'idée de creuser.

Terminons notre visite virtuelle en nous intéressant maintenant aux extérieurs, ceux-ci étant matérialisés principalement par les arcanes suivants :

L'ÉTOILE : elle représente un jardin, un potager, une pelouse, un parc... L'iconographie de la carte parle d'elle-même. Cet arcane matérialise la nature et les extérieurs à lui seul. L'Étoile évoque le printemps, l'eau ruisselle abondamment, l'herbe est bien verte et la nature est resplendissante.

LA LUNE : elle représente une piscine. La mare ou l'étang qui apparaît sur l'arcane matérialise un point d'eau, une eau stagnante. Nous l'associons donc fréquemment à une piscine. Notons aussi que, selon le contexte, cet arcane symbolise une zone inondable.

L'ARCANE SANS NOM : elle représente un terrain, une parcelle, le service des cadastres. Restant l'arcane emblématique de la terre, on la retrouve pour qualifier les extérieurs. Elle matérialise un lopin de terre, un jardin à l'abandon, un terrain en friche.

C. Après avoir parcouru cette propriété et ses extérieurs, penchons-nous dorénavant sur un chantier intimement lié à l'habitat, celui des travaux de réfection. En effet, qui n'a jamais pensé rénover son appartement, ne serait-ce que le rafraîchir ?

Trois arcanes emblématiques des travaux de rénovation se détachent du lot, à savoir : **LA MAISON-DIEU**, **L'ARCANE SANS NOM** et **LE BATELEUR** qui, combinées les unes aux autres, représentent les entreprises de bâtiments et travaux publics.

LA MAISON-DIEU : le graphisme de la Maison-Dieu évoque d'emblée le bâtiment à lui seul. On y devine les travaux de maçonnerie et le gros œuvre tant en termes de démolition que de reconstruction, les deux étant souvent indissociables. On y voit des murs et des pierres apparentes, la toiture qui s'écroule, faisant, elle, référence à la charpente, aux combles. Son état de ruine avancé ou de maison laissée à l'abandon renforce cette thématique de travaux.

L'ARCANE SANS NOM : elle évoque les fondations, les soubassements d'un édifice, un terrain que l'on déblaye. Elle préside essentiellement aux travaux qui impliquent de creuser les sols comme l'accès au tout-à-l'égout. Ce squelette et sa faux au centre de l'arcane ne font-ils pas penser à un ouvrier à pied d'œuvre en train de déblayer un sol ? Dans un tirage de tarot, notre faucheuse apparaît surtout pour les travaux de sol tels que la réfection d'un plancher, la pose d'un revêtement de sol, un parquet flottant par exemple. Enfin, le tranchant de la faux évoque un travail de « découpe », et donc des travaux de menuiserie, d'ébénisterie, de boiserie.

LE BATELEUR : debout devant sa table, notre bateleur fait écho à un artisan devant son établi. En règle générale, on l'associe volontiers au bricolage, et donc aux menus travaux. Ainsi, il symbolise tant un ouvrier qui intervient à votre domicile pour une petite réparation que le cliché du retraité qui possède son établi dans son garage.

- **Attardons-nous quelques instants sur des travaux plus légers, mais néanmoins indispensables :**

TEMPÉRANCE/L'ÉTOILE : ces deux arcanes évoquent les travaux de plomberie et d'étanchéité. La tempérance est ses deux cruches qui transvasent un liquide en circuit fermé font penser aux arrivées et aux sorties d'eau des canalisations. De même que l'Étoile évoque un évier et un système de robinetterie, et donc de l'eau qui s'évacue vers l'extérieur. L'iconographie de ces deux lames retranscrit essentiellement une thématique associée aux recherches de fuites et aux dégâts des eaux. Tempérance, à elle seule, représente aussi l'électricité.

LE SOLEIL : cet arcane haut en couleur, pour ne pas dire le plus rayonnant de tous, matérialise les travaux de peinture. La lame du Soleil parle de redonner de l'éclat, de la luminosité, d'avoir « bonne mine ». À titre d'information, le binôme 16 + 19 évoque un ravalement de façade, c'est-à-dire un immeuble (16) auquel on redonne de l'éclat (19). L'Étoile représente aussi la peinture, car associée à la beauté, mais davantage la peinture sur toile et la création artistique. Enfin, moins connu des utilisateurs de tarot, le Soleil évoque aussi le chauffage (chauffe-eau, chaudière, radiateur) ainsi que les projets photovoltaïques en lien avec l'énergie solaire (contrairement à la Lune qui matérialise les systèmes de refroidissements et donc la climatisation).

L'AMOUREUX : il représente essentiellement la décoration d'intérieur et les tissus. Toutefois, étant lui-même un arcane fort coloré, il apparaît aussi parfois dans le cadre de travaux de peinture tels que la pose de vernis et la patine des meubles. Cet arcane met en lumière les tissus et les étoffes, en référence aux costumes richement décorés arborés par les trois quidams sur l'image. Il matérialise surtout les tentures, les tissus muraux, les doubles rideaux, les draps de lit, les voilages et les tapis. En général, L'Amoureux représente l'habillage extérieur des pièces à vivre, le décorum et les accessoires de mode. L'arcane fait fortement référence au concept moderne du *home-staging*, qui reprend votre ancien mobilier pour le remettre au goût du jour et lui donner une seconde vie.

D. Après avoir rénové entièrement votre maison, vous décidez de la mettre en vente, l'heure est alors venue de consulter les professionnels de l'immobilier.

Comme nous l'avons indiqué en début de chapitre, l'arcane emblématique de l'immobilier demeure **la LUNE,** car elle représente les biens immobiliers de toute nature. Cependant, afin d'éviter les faux pas, il existe un certain nombre de notions à retenir en pareille circonstance, à savoir :

LA LUNE : elle représente les agences immobilières et leurs réseaux de diffusion, et regroupe donc tous les professionnels du secteur sans exception, qu'il soit question de programmes neufs ou de l'ancien.

L'AMOUREUX : dans ce domaine, il représente les visites. En effet, on note des personnages en pleine discussion en train de faire un choix. On distingue que l'un d'entre eux semble avoir été présenté aux autres, ce qui peut être par l'entremise d'un ami ou, en l'espèce, par le truchement d'un agent immobilier. Qui plus est, l'arcane de l'Amoureux, et nous le verrons plus tard, matérialise la vue, les yeux, le visuel. On imagine fort bien des clients potentiels en visite guidée, jetant un coup d'œil au bien proposé à la vente.

LA PAPESSE : elle représente les petites annonces. Le livre de la Papesse matérialise donc le libellé de l'annonce. On l'associe surtout aux annonces sur support papier, à la presse écrite. Ainsi, elle représente essentiellement les annonces paraissant dans le PAP.

LE JUGEMENT : il représente les annonces via Internet. S'il matérialise en priorité les appels et les contacts liés à l'annonce, il évoque aussi le Web et les visites virtuelles sur Internet. Ce Jugement fait penser aux annonces publiées sur des sites tels « Se Loger.com »...

LA JUSTICE : s'il est un arcane à identifier en matière de vente ou d'achat immobilier, c'est bien dame Justice ! En effet, cet arcane représente le prix de vente ou d'achat et l'acte définitif de vente ou d'achat. C'est vous dire ô combien il est rassurant de la voir poindre le bout de son nez dans un tirage concernant la vente ou l'achat d'un bien. La justice matérialise les actes officiels, elle estampille et ratifie, appose son sceau à la transaction. Enfin, en matière de travaux, elle représente aussi un devis signé et accepté.

LA ROUE DE FORTUNE : elle représente les crédits et les prêts immobiliers (nous y reviendrons dans le chapitre dédié aux finances).

LE DIABLE : il représente les négociations et les affaires. Il parle aussi des taux d'imposition sur les opérations immobilières (plus-value...) et, plus généralement, des transactions financières de tout ordre. Sa présence augure de pourparlers au sujet d'un achat ou d'une vente immobilière ; on négocie le prix de la transaction. Mal placée dans un tirage, et c'est toute la négociation qui échoue !

L'ARCANE SANS NOM : elle représente un terrain constructible et un achat sur plan. En effet, dans ce contexte, elle matérialise, non seulement la construction des fondations, mais surtout l'emplacement et la superficie au sol du bien que vous souhaitez acheter sur plan.

Avant de clore ce chapitre, retenez aussi trois binômes qui me semblent essentiels, à savoir 9 + 16 (une recherche de logement), 18 + 16 (un déménagement) et 8 + 19 (une promesse de vente). Il ne nous reste maintenant plus qu'à accueillir les futurs propriétaires et leur famille, ce qui est justement l'objet de notre deuxième chapitre.

Chapitre 2
le tarot de Marseille et la famille

Voici un chapitre essentiel à l'apprentissage du tarot de Marseille, puisqu'il recèle des détails fondamentaux sur les personnages, des détails qui enrichiront la qualité de vos interprétations. Apprendre à reconnaître toutes ces figures allégoriques revient presque à jouer au jeu des Sept Familles !

A. Avant de vous présenter les principaux membres de la famille « Tarot de Marseille » et d'en brosser le portrait à tour de rôle, il convient de repérer les arcanes emblématiques de ce cocon familial, à savoir : LE SOLEIL et L'AMOUREUX.

LE SOLEIL : cet arcane représente principalement la fratrie dans ce qu'elle a de plus noble. Il parle de la solidarité familiale et de l'entraide intergénérationnelle. Le graphisme des deux personnages sur la carte symbolise un couple soudé et uni, le noyau dur de la cellule familiale. Ce soleil est le socle de la famille ; il traduit sa solidité, son rayonnement. Cette lame de tarot porte une double casquette, car elle matérialise également les enfants, notamment les liens fraternels qui unissent les membres d'une même génération entre eux.

L'AMOUREUX : il représente les collatéraux, les frères et sœurs, les cousins, les cousines, les oncles et les tantes. L'arcane incarne plusieurs personnes d'une même « tribu », d'une même caste ou fratrie. Hormis les frères et sœurs qu'il représente aussi, il incarne plus souvent les membres de la famille que l'on rencontre à l'occasion d'événements familiaux.

B. Afin de faciliter la lecture de vos tirages de tarot, tentons désormais de dresser l'arbre généalogique de la famille « Tarot de Marseille » aux travers de ses principaux membres, à savoir :

L'HERMITE : il représente le grand-père, même l'arrière-grand-père. Le graphisme évoque un centenaire, voire le doyen de l'humanité. Ce personnage au dos voûté, aidé d'une canne et aux cheveux blancs revêt tous les attributs du vieillard. Il matérialise également la sagesse et la mémoire de la famille. Il en est son incarnation, son histoire et son vécu. En règle générale, on lui prête un âge tout à fait respectable allant de 80 ans et au-delà.

LA PAPESSE : c'est la grand-mère du tarot de Marseille. Tantôt acoquinée à l'Hermite tantôt formant un couple avec le Pape, elle matérialise néanmoins leur homologue féminin. Elle connaît la vie sur le bout des doigts, à l'instar de ce livre de couleur chair qui repose sur ses genoux, celui-ci matérialisant la connaissance universelle. Dans certains cas, elle est une maman âgée et n'est pas encore grand-mère. En règle générale, on lui donne au moins 50 ans, mais elle est très souvent plus âgée. Elle peut représenter parfois la doyenne de l'humanité.

LE PAPE : cette figure pontificale représente soit le grand-père soit un père de famille mûr. Il est posé et réfléchi, il s'adresse à ses enfants comme le Pape le ferait à ses fidèles. Étant fréquemment comparé à la Papesse, on lui attribue un âge identique au sien. En revanche, il est plus jeune que l'Hermite, puisqu'il incarne parfois l'un de ses fils et, très souvent, l'un de ses frères cadets.

L'EMPEREUR : voici désormais notre père de famille, le pilier central de notre famille « tarot de Marseille ». Dur comme un roc, le regard fixe et franc, cet empereur représente la maturité bienveillante, un homme dans la force de l'âge tourné tout entier vers la subsistance de son foyer. Selon l'âge de ce dernier, que l'on situe traditionnellement entre 40 et 60 ans, il est tantôt le fils de la Papesse et du Pape tantôt leur frère cadet, voire l'un de leurs neveux. Seuls le contexte et les arcanes entourant un tirage pourront spécifier son statut exact dans la fratrie.

L'IMPÉRATRICE : en règle générale, elle symbolise la maîtresse de maison, la mère de famille, l'épouse de l'Empereur. Selon le contexte, elle peut apparaître comme la sœur de celui-ci. De la même façon que pour son homologue masculin, son âge oscille entre 40 et 60 ans.

LE CHARIOT : il représente un jeune homme à la trentaine. Selon le contexte familial, il symbolise tantôt le frère cadet de l'Impératrice et de l'Empereur, tantôt le frère aîné du Bateleur. Sans citer toutes les combinaisons possibles, ce trentenaire incarnerait volontiers le parrain du bateleur, son cousin, etc. Avec le tarot, il n'y a rien de figé, c'est en cela qu'il exprime toute sa richesse. Il convient de retenir uniquement son âge pour vos tirages de tarot, son statut au sein de la famille variant autant de fois qu'il y a d'individus sur terre. Les exemples sont donnés afin de les situer les uns par rapport aux autres.

TEMPÉRANCE : difficile de définir la parenté de Tempérance avec les autres membres de la famille, sinon qu'elle représente une jeune femme dont l'âge oscille généralement entre 30 et 40 ans. Elle incarne davantage un concept de douceur et d'harmonie. Elle pourrait tout autant matérialiser l'épouse du chariot qu'une de ses sœurs, la tante du bateleur...

L'ÉTOILE : à l'instar de Tempérance, et au-delà des jarres qu'elles utilisent toutes deux en commun, cette gracieuse demoiselle présente des similitudes physiques avec Tempérance. De là à ce qu'elles soient des sœurs jumelles, il n'y a qu'un pas. On l'imagine comme étant sa cousine germaine, une sœur au chariot... Quant à son âge, s'il varie sensiblement selon le contexte, il avoisine celui de Tempérance. L'Étoile symbolise surtout un concept de fécondité et de féminité, quel que soit son âge.

LA FORCE : serait-ce le garçon manqué de la famille ? Elle représente une femme à l'allure masculine incarnant un concept de courage et de bravoure. Elle symbolise surtout la force intérieure et la maîtrise de ses instincts, quel que soit son âge. Elle incarne volontiers le rôle d'une mère courage, voire celui d'une grande sœur protectrice. En pleine possession de ses moyens physiques, son âge se situe vraisemblablement dans la même fourchette que celui de Tempérance et de l'Étoile.

LE BATELEUR : il représente un enfant. On l'associe communément aux enfants, aux adolescents et, à moindre échelle, aux jeunes adultes de vingt ans. Il incarne volontiers un enfant en bas âge, un nourrisson… Dans la majorité des cas, on lui donne moins de dix ans. Toutefois, il lui arrive de représenter un jeune homme, tel un tout jeune père de famille à peine majeur. Néanmoins, son âge excède rarement la trentaine.

REMARQUE. Les âges et les liens de parenté sont donnés à titre indicatif et sont susceptibles de varier selon les tirages. J'ai simplement restitué les principaux liens de filiation rencontrés de manière récurrente dans mes ateliers de tarot et dans mes consultations privées.

REMARQUE. Si vous souhaitez obtenir un descriptif beaucoup plus détaillé des 22 arcanes majeurs, je vous invite à parcourir leurs fiches signalétiques dans mon *Guide de l'utilisateur* paru en mars 2014 aux éditions Trajectoire.

C. Après nous être intéressés aux principaux membres de la famille, il me semble essentiel de découvrir les arcanes majeurs qui permettent d'identifier leurs statuts maritaux, sont-ils célibataires, mariés, divorcés, veufs ?

LA JUSTICE : elle symbolise l'acte de mariage, l'officialisation d'une union. La Justice représente principalement une personne mariée ou pacsée. Elle pourrait symboliser une alliance.

LE PAPE : de par son nom, cette lame du tarot de Marseille représente le côté sacré de toute union et matérialise aussi très souvent une personne engagée dans une relation conjugale. Cet arcane symbolise aussi le mariage, mais pas nécessairement.

L'ARCANE SANS NOM : en règle générale l'Arcane Sans Nom représente une rupture, la fin d'une relation et matérialise de facto les veufs ou les divorcés, toute personne ayant connu un drame personnel impliquant un changement radical dans son statut marital.

L'HERMITE : cet arcane à l'allure austère symbolise essentiellement le célibat et la solitude de cœur ; il incarne autant un mode de vie quasi monacal, à l'image du vieux garçon qui habite chez sa mère, qu'un passé affectif qui vous hante encore dans le présent.

LE SOLEIL : il représente d'abord et avant tout une personne en couple, et notamment en concubinage, mais aussi la présence d'enfants à charges au sein d'un foyer familial.

Nous nous sommes intéressés à la famille traditionnelle ; dans le prochain chapitre, on s'attardera davantage sur les festivités, des occasions en or permettant aux membres de la famille de se retrouver tous ensemble.

CHAPITRE 3
LE TAROT DE MARSEILLE ET LES CÉLÉBRATIONS

Voici arrivé le moment des festivités, le moment où tous les membres de la famille et leurs amis respectifs sont réunis tous ensemble pour faire la fête, que ce soit à l'occasion d'un simple anniversaire ou d'un événement plus solennel, comme l'organisation d'un mariage. Il est donc temps de se pencher sur le programme des festivités de plus près.

A. EN MATIÈRE D'AMUSEMENT ET DE DIVERTISSEMENT, L'ARCANE EMBLÉMATIQUE DE LA FÊTE ET DES FESTIVITÉS EST L'AMOUREUX.

L'AMOUREUX : cette lame revêt une dimension folklorique et théâtrale à elle seule. Elle représente le show-biz et son côté strass et paillettes, elle incarne les noctambules, et les fêtards de tout style. À l'instar des trois personnages richement habillés sur la lame, l'iconographie symbolise autant une réunion familiale, où chacun est vêtu de ses plus beaux atours, qu'une simple fête ou sortie entre ami(e)s, où les participants arborent un look « branché ». Cette idée de se travestir et de se déguiser fait écho aux bals masqués, aux soirées à thème, à un carnaval. Conjuguant la notion de s'habiller et de s'amuser, cet arcane apparaît dans un jeu de tarot pour dépeindre une fête entre amis telle qu'un anniversaire, un gala, un cocktail dînatoire... Cette carte du tarot matérialise aussi vos convives.

B. Arrêtons-nous maintenant sur les autres arcanes majeurs dont le graphisme distille l'esprit de la fête, à savoir :

LE PAPE : comme son nom l'indique, cette figure pontificale matérialise une fête ou une cérémonie religieuse telle un mariage, une communion, un baptême... Si l'image du Saint-Père symbolise de facto les rites et traditions sacrés associés à la chrétienté, à l'instar de la fête de Pâques ou de Noël, il revêt cependant une valeur œcuménique et universelle qui inclut aussi les grandes fêtes juives et musulmanes.

LE JUGEMENT : une fête sans musique n'est pas une fête ! La trompette dont fait usage l'ange en haut de l'arcane (donne le tempo) symbolise la musique et les sons. On retrouve ici le bruit assourdissant des enceintes qui beuglent en discothèque, un concert, des musiciens qui jouent à un mariage... Cet arcane matérialise la fête de la musique à lui seul.

LE SOLEIL : en règle générale l'arcane représente la danse. On pourrait le comparer à un couple de jeunes mariés qui ouvre le bal. Symbolisant tantôt un couple d'amoureux tantôt des enfants, le Soleil se manifeste dans un tirage de tarot à l'occasion de grandes fêtes familiales telles que les mariages, les baptêmes, les rites de la circoncision... Il évoque aussi la chaleur du clan familial et la cohésion sociale qui entoure ces moments de bonheur.

LA MAISON-DIEU : aussi surprenant que cela puisse paraître à première vue, cet arcane renferme toute une symbolique sur la fête. Les petites boules multicolores qui jaillissent des créneaux de la tour évoquent d'emblée les cotillons. Ils font également penser à des ballons qui s'envolent vers le ciel lors d'un baptême ou d'un mariage. Ce spectacle tout en couleur évoque volontiers un feu d'artifice, un show pyrotechnique ! Cette tour en ébullition fait référence à une explosion, on laisse éclater sa joie.

LE MONDE : cet arcane implique un vaste public et fait écho aux spectacles grandioses tels que les festivals et les grandes réceptions ainsi qu'aux grandes célébrations nationales à l'instar des commémorations du 8 mai et du 11 novembre ou le défilé du 14 juillet. La jeune femme au centre de la mandorle tient un bâton qui rappelle celui des majorettes appuyant cette idée de festivité. Enfin, cette couronne tressée fait aussi penser aux traditions de Noël ; elle ressemble à une guirlande et à la couronne que l'on met à sa porte au moment du réveillon. Cependant, aux abords de l'Arcane Sans Nom, cette mandorle se métamorphose en une couronne (21) mortuaire (13) et donc un enterrement ou la fête des morts.

LA JUSTICE : à elle seule, dame Justice, n'évoque pas les festivités, elle semble tellement austère. En revanche, sa présence dans un tirage confère aussitôt une dimension solennelle voire officielle à cet événement. Par exemple, les binômes 19 + 8 et 5 + 8 symbolisent tous les deux un mariage ou un Pacs, on officialise (8) son couple (19) ou son union (5). Le binôme 6 + 8 parlera, lui, de fiançailles... À noter que les binômes peuvent se lire dans les deux sens (cf. *Guide d'interprétation des 462 binômes* paru en septembre 2010 aux éditions Trajectoire).

Que de fêtes ! Autant d'occasion de faire une belle rencontre humaine et, pourquoi pas, de croiser son alter ego : c'est précisément le thème de l'amour qui va nous intéresser au prochain chapitre.

Chapitre 4
le tarot de Marseille et l'amour

Entrons désormais dans la sphère des émotions et de l'affect, et penchons-nous sur les lames de cœur, celles qui expriment nos sentiments amoureux et déclinent toute la palette de nos émotions.

A. Comme son nom le suggère, l'arcane emblématique des sentiments et des rencontres amoureuses est L'AMOUREUX, son iconographie parlant d'elle-même.

L'AMOUREUX : il préside aux rencontres amoureuses. C'est l'arcane de la séduction et de la « drague ». Sa présence dans un tirage sur l'amour annonce autant une vraie relation amoureuse qu'un simple flirt sans perspective d'avenir. La référence à Cupidon juché en haut de l'arcane s'apprêtant à décocher une flèche d'amour en plein cœur de notre « amoureux transi » renvoie aux premiers émois lies à toute rencontre sentimentale. Notre cœur s'embrase soudainement, comme frappé par l'amour. Cette lame parle aussi de la multiplicité des aventures amoureuses, et des choix affectifs, à l'instar de notre jeune courtisan tiraillé entre écouter son cœur et céder à l'expression de son désir. Par extension, cette lame de tarot augure également d'une rencontre affective par l'entremise d'ami(e)s ou de relations.

B. Examinons maintenant les arcanes majeurs qui dépeignent au mieux la nature, l'intensité et le type de relation amoureuse, à savoir :

LE SOLEIL : ce beau soleil rayonnant fait l'apologie de l'amour avec un grand « A ». Dans un jeu de tarot, il augure surtout de la rencontre de son alter ego ou d'une rencontre amoureuse qui touche l'âme. Il symbolise également un couple uni et solidaire, des concubins partageant des sentiments amoureux authentiques, payés de réciprocité. Il est l'expression de « l'amour triomphant ».

LE PAPE : cet arcane matérialise une relation conjugale sérieuse. Il parle essentiellement d'engagement, de mariage et de construction affective sur le long terme. Il symbolise surtout l'union au sens religieux et sacré du terme. En revanche, selon le contexte, sa présence dans un jeu de tarot sur l'amour annonce parfois la rencontre d'une personne mariée ou déjà engagée dans une relation sentimentale.

L'ÉTOILE : cet arcane symbolise principalement nos grandes espérances et nos profondes aspirations en matière de rencontre amoureuse. Victime de son imagination exacerbée, l'Étoile retranscrit un idéal de rencontre, le fantasme du prince charmant, l'idée que l'on se forge de l'homme ou de la femme de ses rêves. En revanche, dans un couple existant, elle évoque davantage les marques de tendresse, la poésie qui règne au sein du foyer. En règle générale, l'Étoile incarne l'expression du romantisme, elle est une ode à l'amour.

LE DIABLE : l'iconographie de cette carte de tarot renvoie d'emblée aux rencontres affectives magnétiques voire sulfureuses basées sur une forte attirance sensuelle. On entre ici de plain-pied dans la sphère des relations charnelles, de la dépendance à ses instincts grégaires, de la fièvre des sens. Notre Belzébuth au charme envoûtant véhicule aussi l'idée d'ensorcellement, le fait de tomber sous l'emprise affective d'un manipulateur ou d'un pervers narcissique. N'oublions pas que cette carte de tarot retranscrit également l'expression et la manifestation de la jalousie.

LE PENDU : à l'image des liens qui semblent « saucissonner » le personnage sur l'image, cet arcane symbolise une liaison amoureuse et un profond attachement duquel vous êtes dépendant, une dépendance déstabilisante et unilatérale voire une résignation qui frise la soumission. Notion d'inertie, de subir une relation

L'ARCANE SANS NOM : si cette mal-aimée du tarot de Marseille évoque immédiatement une rupture affective et un chagrin d'amour en raison de son apparence effrayante et de ce qu'elle évoque dans l'inconscient collectif, sachez aussi qu'elle matérialise tout autant la rencontre amoureuse d'un veuf ou d'un divorcé. C'est vous dire que dans l'étude du tarot, il ne faut pas toujours s'arrêter sur des idées reçues selon lesquelles cet arcane est forcément « nocif ».

LA JUSTICE : cet arcane symbolise une personne mariée, ou présage de la rencontre d'une telle personne. Sa présence dans un tirage de tarot augure fréquemment de discussions autour du mariage ou d'un acte officiel. Le moment n'est-il pas venu de légaliser notre union de manière plus officielle ? Tandis que le Pape représente davantage un mariage religieux, dame Justice symbolise davantage le passage devant monsieur le maire.

C. Au-delà de la charge émotionnelle inhérente à tel ou tel arcane, analysons maintenant un certain nombre d'aspects fort récurrents dans les tirages de tarot liés aux problématiques affectives.

L'HERMITE : comme nous avons pu l'observer dans le chapitre précédent, cet arcane symbolise surtout le célibat et la solitude affective. Toutefois, sa présence dans un tirage exprime fréquemment le passé et le vécu amoureux de tout un chacun. On le retrouve automatiquement chez celles et ceux parmi nous qui sont encore tournés vers leurs anciennes relations de cœur, hantés par un passé qui les empêche souvent de se reconstruire. L'Hermite représente donc nos ex-petit(e)s ami(e)s !

LA ROUE DE FORTUNE : sa forme ovoïdale fait référence à un cycle, évoquant par là même l'idée d'un retour. Cet arcane matérialise donc principalement le retour d'un être cher. La présence du binôme 10 + 9 = retour (10) d'un(e) ex (9) dans un tirage sur l'amour serait donc un excellent présage en réponse à la question : mon ex reviendra-t-il ?

LE JUGEMENT : bienvenue dans l'univers d'Internet et des relations amoureuses virtuelles. Cette lame augure de contacts épistolaires via le Web et les réseaux sociaux. Le Jugement matérialise donc des échanges sur Skype et surtout la consultation de sites de rencontres, notamment en présence du binôme 6 + 20 = rencontre (6) sur Internet (20). Mal aspectée, cette carte indique un manque de communication au sein d'un couple.

LA PAPESSE : le livre de la Papesse symbolise les écrits sous toutes leurs formes. En l'espèce, elle représente surtout les petites annonces. Dans la sphère amoureuse, on l'associe à l'écriture de texto et de mails, notamment aux abords du Jugement (l'Internet) et de Tempérance (le téléphone). Enfin, la Papesse parle de confidences et de révélations amoureuses.

TEMPÉRANCE : elle symbolise principalement les échanges téléphoniques et les contacts au sens général du terme.

LA MAISON-DIEU : cette lame de tarot annonce des bouleversements, en l'occurrence elle évoque une crise conjugale, un foyer en effervescence, voire en péril, notamment aux abords du Pape. Selon le contexte, elle exprime aussi la violence conjugale, surtout au côté de la Force ou du Diable.

LE MAT : ce drôle de personnage à l'allure improbable portant un cabas sur ses épaules exprime souvent la peur de l'engagement, et matérialise une fuite en avant. Il représente souvent les personnes indépendantes ou instables émotionnellement qui n'adhèrent pas aux visions classiques de la vie conjugale. C'est un peu la théorie du « en couple, oui, mais chacun chez soi ». En général, il incarne celles et ceux qui ne parviennent pas à se fixer dans une relation stable.

LA LUNE : l'astre de la nuit apparaît dans les situations affectives opaques. Selon le tirage de tarot et le contexte de la question, il augure fréquemment de non-dits et de mensonges, et décrit parfois une tromperie voire une relation adultérine, notamment auprès de l'Amoureux ou de la Papesse. La Lune et son clair-obscur colportent fréquemment toutes sortes de rumeurs et dissimule souvent la vérité.

LE SOLEIL : sa présence dans un tirage de tarot sur l'amour est de bon augure après une rupture sentimentale, puisqu'il présage d'une réconciliation ; il symbolise alors le fait de faire la paix, de se « rabibocher », de renouer des liens affectifs fraternels.

N'y a-t-il pas plus belle récompense que de découvrir que nous attendons un bébé, le fruit de notre amour ! Plongeons-nous donc ensemble dans la lecture du prochain chapitre consacré entièrement à la grossesse.

Chapitre 5

le tarot de Marseille et la grossesse

Voici désormais un thème récurrent qui fait couler beaucoup d'encre sur les forums dédiés au tarot de Marseille. Je me devais donc de lui consacrer un chapitre afin d'aider les futures mamans à décrypter leurs tirages de tarot sur la grossesse.

A. Parmi les nombreux arcanes qui annoncent une grossesse, les trois lames les plus emblématiques d'une future grossesse sont LE SOLEIL, L'HERMITE et LE PENDU.

LE SOLEIL : cet arcane emblématique des enfants et de la grossesse est de très bon augure lorsqu'il paraît dans un tirage de tarot à ce sujet. N'y voit-on pas deux bambins en couche-culotte ? S'il présage très souvent d'un heureux événement, la présence des deux personnages sur l'image n'annonce pas forcément une grossesse gémellaire pour autant.

L'HERMITE : au-delà du numéro 9 matérialisant la durée d'une grossesse dite « normale », l'arcane décrit surtout une période de gestation et de conceptualisation. Sa lanterne, qui renvoie de surcroît à la notion de surveillance et d'inspection, évoque largement le suivi obstétrique nécessaire tout au long de la grossesse.

LE PENDU : il évoque littéralement le stade embryonnaire de la grossesse. Son graphisme abonde dans ce sens dans la mesure où cet homme « phagocyté », et donc immobile, fait référence au fœtus accroché à la paroi de l'utérus. Le haut de la potence représente le col de l'utérus et le lien au pied gauche symbolise le cordon ombilical, le rapport à la mère. Cette lame de tarot retranscrit aussi les procréations médicalement assistées, notamment dans le cadre des FIV. Ainsi, le binôme 1 + 12 matérialise l'implantation (1) d'un embryon (12), le bateleur et la « pipette » qu'il porte dans la main gauche faisant écho à cette technique.

B. Si la combinaison des trois lames susvisées annonce une future grossesse, d'autres arcanes renferment également des signes avant-coureurs liés à une potentielle grossesse.

L'ÉTOILE : cette femme gracieuse au centre de l'image exprime toute la quintessence de la féminité et symbolise de facto le principe de fécondité, et donc la gynécologie dans son ensemble. On ressent une sensation de plénitude, une sorte de communion avec la nature et ses éléments extérieurs qui font écho à une « renaissance ».

LE MONDE : elle parle de « venir au monde », et présuppose de facto que cette grossesse arrivera à son terme, notamment si cet arcane apparaît dans le futur plus lointain, au-delà de six mois. Sa présence dans un tirage annonce souvent un bébé en bonne santé.

LE BATELEUR : s'il schématise communément un enfant en bas âge, il n'exprime pas à lui seul une grossesse. Le graphisme parle davantage d'un nourrisson, et dans la majorité des cas d'un enfant qui est déjà de ce monde, voire d'un fort désir de grossesse.

LA PAPESSE : l'arcane ne désigne pas forcément une grossesse en soi, et sa seule présence ne suffit pas à déclarer une grossesse, elle évoque davantage l'instinct maternel, le désir de devenir mère. Elle exprime une « couvaison ».

LA LUNE : elle décrit l'utérus et le ventre en général. Attention aux idées reçues : même si sa présence évoque les lunaisons et les marées et que l'on y voit parfois un lien avec la maternité, elle retranscrit beaucoup plus fréquemment une hospitalisation ou des problèmes abdominaux et de bas-ventre qu'une grossesse ! 18 + 20 = échographie (utérus/ultrasons).

LA ROUE DE FORTUNE : selon le contexte, cet arcane matérialise les cycles d'ovulation et les cycles menstruels en raison de son graphisme ovoïdal. Sa présence auprès de l'Étoile, la carte emblématique de la fécondité, présage alors d'une période propice à une conception.

LA JUSTICE : en règle générale, dame Justice symbolise une prise de poids. Si vous vous posez la question de savoir si vous êtes enceinte, sa présence dans votre tirage de tarot vous offre donc une indication de poids, qui traduit souvent une des premières conséquences de la grossesse.

C. Voyons d'autres aspects plus sombres et moins connus des apprentis tarologues que nous devons néanmoins aborder.

LE PENDU : alors qu'il matérialise un embryon dans la grande majorité des cas, sa présence peut parfois indiquer un véritable blocage et, en l'espèce, une stérilité, surtout si la question porte précisément sur cette éventualité et que celui-ci est entouré d'autres arcanes très négatifs.

L'ARCANE SANS NOM : il n'est pas forcément de bon augure que de croiser cet arcane dans un jeu de tarot de Marseille sur la grossesse. S'il symbolise avant tout une intervention chirurgicale et, en l'espèce, une IVG, notamment le binôme 13 + 12, il représente aussi les césariennes, ces dernières étant très fréquentes de nos jours. Prenez donc le temps de bien étudier les cartes environnantes avant de poser un diagnostic.

LA MAISON-DIEU : par-delà le fait que cet arcane parle des urgences médicales, il matérialise également les fausses couches. L'iconographie exprime une chute, ce qui n'est pas sans rappeler les descentes d'organes et, en l'occurrence, les risques de fausses couches.

LE DIABLE : il définit le taux d'hormones mâles ou femelles selon la thématique. En l'espèce, il augure souvent d'une baisse hormonale chez la femme au-delà de trente-cinq ans, et il n'est pas rare de le voir apparaître dans un tirage de tarot pour conseiller une hormonothérapie ou la prise d'hormones favorisant la grossesse. Mal entourée, cette lame de tarot évoque malheureusement une carence hormonale rédhibitoire de nature à compromettre toute chance de grossesse.

Maintenant que nous avons accouché de notre premier enfant, prenons donc le temps découvrir les loisirs susceptibles de l'intéresser quand il sera un peu plus grand.

Chapitre 6
le tarot de Marseille et les loisirs

Ce chapitre dédié au dilettantisme et aux « hobbies » décline une vaste sélection d'activités ludiques et artistiques répondant à notre besoin d'évasion.

A. Dans ce domaine bien spécifique, l'arcane emblématique symbolisant au mieux les loisirs et les jeux est L'AMOUREUX pour les raisons suivantes :

L'AMOUREUX : subtil mélange d'amusement et de sorties entre ami(e)s, l'Amoureux englobe à la fois un concept de divertissement et de séduction. Il incarne à lui seul les petits plaisirs de la vie, le fait de se retrouver entre ami(e)s ou en bonne compagnie pour partager des loisirs voire une passion commune. L'Amoureux nous offre son goût du jeu et de la mode : il représente tout autant les aficionados de la mode qu'une simple sortie shopping entre amies. Vêtus de costumes « médiévaux » bigarrés, comme s'ils sortaient tout droit d'une pièce de théâtre, les trois personnages centraux sont semblables à des comédiens arborant leurs habits de scène ou de gala. C'est donc tout naturellement que l'arcane évoque instamment une sortie au théâtre, au cabaret, au spectacle, etc. Ces habits de lumière, hauts en couleur ne sont pas sans rappeler les collections des grands couturiers, ils symbolisent un rapport intime aux tissus et aux étoffes matérialisant par là même les activités de broderie, de couture, de tricot voire de macramé.

B. Voici maintenant un échantillon représentatif des principaux divertissements et loisirs observés sous le prisme du tarot de Marseille.

LE BATELEUR : en règle générale, cette lame du tarot de Marseille incarne les amoureux du bricolage. En effet, la scène avec la table et ses outils fait ici écho à un plan de travail ou à un établi. On associe principalement le Bateleur à des loisirs plutôt manuels et créatifs, qui exigent à la fois de la minutie et de la dextérité. À ce propos, le bâton brandit par notre jeune homme n'est pas sans rappeler un crayon ou un fusain, faisant ainsi allusion aux caricaturistes et aux activités de desseins et de coloriage. Le Bateleur divertit, anime ; les dés que l'on aperçoit sur la table rappellent étonnamment les jeux de société, et sa baguette imite celle du magicien, du prestidigitateur, voire du jongleur.

LA PAPESSE : le livre qu'elle tient dans les mains est semblable à un parchemin, à un vieux grimoire, et fait tout naturellement écho à l'écriture, mais aussi à tout type de support papier de quelque nature qu'il soit. Fort de ce constat, ce manuscrit symbolise autant les mots croisés que la philatélie. En règle générale, la Papesse symbolise les jeux d'esprit.

LE PAPE : sa présence incarne celles et ceux parmi nous qui passent leur temps libre à assister à des séminaires ou des conférences.

LE CHARIOT : sa présence symbolise indifféremment les passionnés de mécanique, les collectionneurs de voitures, les adeptes du *tuning*... La présence des deux chevaux fait également référence aux joueurs de tiercé.

LA JUSTICE : représentant essentiellement toutes les activités en lien avec l'arithmétique, la Justice matérialise tantôt la numérologie tantôt le sudoku, et par extension tout ce qui a trait aux jeux de logique et aux calculs.

L'HERMITE : synthétisant la mémoire et le passé, l'Hermite fait référence à la généalogie et matérialise de fait toutes les personnes férues d'histoire. Sa lanterne, qui éclaire son parcours et qui fait référence à une quête, incarne aussi fort bien les passionnés de spéléologie et de fouilles archéologiques.

LA ROUE DE FORTUNE : tirant son nom du latin *fortuna* signifiant « chance », l'arcane évoque essentiellement les jeux d'argent et de hasard. Son iconographie n'est pas sans rappeler la roue de la loterie nationale ainsi que la roulette du casino. Mal entourée, elle matérialise une addiction aux jeux d'argent. Enfin, cette grande roue symbolise les fêtes foraines et les manèges qui tournent autour d'un axe central.

LE PENDU : il représente le yoga. La position de notre pendu fait écho à celle du « poirier » ; il allie la méditation et une philosophie de vie bouddhiste.

L'ARCANE SANS NOM : l'iconographie évoque une scène de guerre, un champ de bataille. Il est alors aisé de faire un parallélisme entre notre squelette et un fantassin sur le front de guerre. Ainsi, l'Arcane Sans Nom symbolise principalement le tir et le maniement des armes à feu.

TEMPÉRANCE : elle symbolise traditionnellement les sorties au cinéma. Le liquide blanchâtre qui circule entre les deux jarres fait écho à ce long faisceau lumineux qui traverse les salles de cinéma lors de la projection des films sur grand écran. À un degré moindre, le positionnement des bras de la jeune femme rappelle celui des violonistes ou des accordéonistes. Les ailes caricaturent les volatiles et l'aérien ; sa présence matérialise donc parfois les passionnés d'ornithologie, surtout aux abords de l'Étoile.

L'ÉTOILE : cette lame de tarot renferme à elle seule plusieurs loisirs très hétéroclites. Elle incarne surtout les activités mêlant les arts et la culture... En effet, connue pour son sens aigu de l'esthétisme, notre bonne Étoile représente souvent les œuvres d'art, les toiles de maîtres et les arts plastiques en général. Ce ciel parsemé d'étoiles scintillantes fait référence à l'astronomie, mais également à l'étude des astres, à savoir l'astrologie. Tandis que la nature environnante nous évoque instinctivement la passion pour les plantes et le jardinage, l'oiseau noir qui, tel un merle ou un corbeau, est juché sur un arbuste en arrière-plan de l'image renvoie aussi à l'ornithologie. L'image dégage un tel sentiment de plénitude, une telle communion avec la nature qu'elle distille une douce mélodie, une idée de sons égrenés, cristallins, de musique classique ou lyrique. L'Étoile flirte avec la poésie. C'est là sa beauté intérieure !

LA LUNE : l'eau stagnante de la mare sous la surface de laquelle gît une écrevisse évoque principalement les amateurs d'aquariophilie. Toutefois, les deux chiens qui hurlent à la Lune symbolisent aussi les animaux domestiques, et plus particulièrement les passionnés de concours canins.

LE SOLEIL : ce grand soleil radieux qui véhicule une idée de brillance, de magnificence symbolise les activités en lien avec l'image, comme la photographie ou le fait de se retrouver sous les feux de la rampe. Ce beau Soleil qui nous met en lumière fait penser au flash de nos appareils photo. Sa présence dans un jeu renvoie également aux danses latines telles que la salsa, le tango. Enfin, sa couleur dorée matérialise l'or et les collectionneurs de vieilles pièces.

LE JUGEMENT : arcane emblématique de la musique, le Jugement évoque surtout la pratique d'un instrument à vent telle la trompette, la clarinette, etc. Sa présence dans un tirage de tarot symbolise aussi les passionnés de karaoké et les chanteurs en herbe. Enfin, sachez que le Jugement, qui matérialise Internet, représente les paris en ligne.

LE MONDE : représentant le globe et par là même un concept de mondialisation, cette lame de tarot matérialise les mordus de langues étrangères. Il symbolise aussi les spectacles à grande échelle, à l'instar des grands shows à l'américaine.

LE MAT : ce personnage qui marche renvoie directement à la randonnée pédestre. Il aime l'aventure, tel un baroudeur qui part découvrir d'autres contrées. On l'associe traditionnellement à un clown, au bouffon du roi, à celui qui amuse la galerie. En ce sens, il représente parfois le théâtre amateur et le burlesque.

C. Étant donné que pour beaucoup de nos concitoyens les loisirs passent par la pratique régulière d'un sport, la rubrique suivante s'imposait d'elle-même.

LE CHARIOT : symbolisant un moyen de transport terrestre, et en l'occurrence une automobile, notre Chariot matérialise avant tout les courses de formule 1. Si l'attelage et les deux chevaux renvoient d'emblée aux courses de char que l'on pratiquait dans les arènes de Rome, notre Chariot matérialise surtout la pratique de l'équitation, du polo...

LA ROUE DE FORTUNE : cette roue matérialise d'abord le cyclisme, le graphisme faisant étrangement penser à un pédalier. Sa forme ovale fait aussi écho à une balle ou à un ballon ; sa présence est souvent synonyme de football, de basket-ball, de hand-ball, de volley-ball...

LA FORCE : véritable démonstration de force, l'arcane évoque d'emblée la puissance physique, la musculation, le culturisme et les salles de sport. Les fans d'haltérophilie et les adeptes des arts martiaux se reconnaîtront au travers de cette lame de tarot. Cette force parle de self-control, de maîtrise de soi ; elle incarne surtout les karatékas et les judokas : la manière dont elle ouvre la gueule du lion fait écho à une clé, ou à une prise de judo.

LE PENDU : il symbolise essentiellement les gymnastes de tout bord. Sa position « tête en bas, bras dans le dos, jambes en l'air » fait référence aux contorsionnistes, et le lien qui lui maintient le pied droit renforce cette idée d'étirements et d'écartèlement extrême. Le personnage du pendu semble porter des collants de danseur et chausser des ballerines au pied, si bien que, lorsque la carte est renversée et qu'il se présente debout, la position des jambes évoque un pas de danse.

L'ARCANE SANS NOM : le tranchant de la faux n'est pas sans rappeler un objet contondant de la famille des couteaux. Pour cette raison, on l'associe traditionnellement à la pratique de l'épée, du fleuret et de l'escrime. La manière dont le squelette tient la faux et dont il est campé sur ses pieds est en tout point identique à celle d'un joueur de golf s'apprêtant à frapper sa balle.

TEMPÉRANCE : la position des bras de Tempérance évoque la pratique du tir à l'arc.

LE DIABLE : l'estrade sur lequel repose notre diable ressemble fort à un podium. Il semble dominer ses rivaux, non sans fierté ! Bienvenue dans l'univers impitoyable de la compétition et de la « gagne ». L'agressivité du Diable renvoie essentiellement à la pratique de sports de combat, tels que la boxe, l'aïkido, mais il regroupe aussi certaines pratiques plus répandues en Asie comme le kung-fu, le tai chi, et ce, eu égard à ses yeux bridés qui identifient son appartenance au continent asiatique !

LA MAISON-DIEU : cette tour qui explose, projetant deux individus dans le vide, fait référence aux sports extrêmes, à l'instar du saut à l'élastique, des acrobates et des cascadeurs.

LA LUNE : le plan d'eau sur l'image fait penser aussitôt à un bassin, à une piscine, le fief de tous les nageurs. Cet étang renvoie de facto aux océans et à la mer ; il incarne donc tous les sports nautiques sans exception. On y répertorie donc le surf, le ski nautique, la voile, le hors-bord et encore bien d'autres.

LE SOLEIL : carte des solidarités actives, son symbolisme fait référence à l'idée d'une équipe soudée, d'un duo de choc. Il matérialise les sports en extérieur qui se pratiquent essentiellement à deux, tel le tennis. Le Soleil évoque aussi des sports qui se pratiquent en short et principalement en saison estivale.

LE MONDE : cette carte de tarot représente surtout les grandes compétitions internationales, à l'image des jeux olympiques qui mobilisent la planète entière. Elle englobe un concept de « monde » et de spectacle grandiose, telle une arène où se seraient entassés des milliers de badauds en vue d'assister au spectacle. Étonnamment, la mandorle bardée de lauriers fait référence à la couronne de Jules César.

LE MAT : retranscrit dans l'univers du sport, notre marcheur fait référence au footing, au jogging et au marathon.

Après ces divertissements, je vous propose d'aller nous restaurer et de découvrir par la même occasion la richesse de la gastronomie française.

Chapitre 7
le tarot de Marseille et la gastronomie

Au pays de la gastronomie, il était impensable de ne pas consacrer une rubrique qui intéressera les fins gourmets et les amateurs de bonne chère parmi nous.

A. En matière culinaire, TEMPÉRANCE et LE BATELEUR représentent les deux arcanes emblématiques des arts culinaires et de la gastronomie dans son ensemble.

TEMPÉRANCE : incarnant traditionnellement les lieux de convivialité où échanger rime avec se restaurer, Tempérance matérialise les restaurants et, par extension, les fast-foods, les auberges et les chambres d'hôtes. La présence des deux cruches qui versent ce liquide blanchâtre et la position des bras de la jeune femme en forme d'accolade font écho à une serveuse, une hôtesse. Si les cruches évoquent d'emblée la boisson, qu'il s'agisse d'une carafe d'eau ou d'une bouteille de vin, elles matérialisent tout autant un bec verseur qu'un shaker à cocktail ou encore une idée de juste mesure. L'évocation de son nom renvoie aussi aux régimes alimentaires, à la diététique, à l'idée de manger équilibré et de garder la ligne.

LE BATELEUR : l'iconographie fait état d'un personnage debout devant une table sur laquelle sont entreposés divers objets, dont des couteaux, des verres, une besace... On y établit facilement un parallèle avec le cuisinier devant son plan de travail muni de ses ustensiles de cuisine. En effet, si cette grande table en bois est un véritable clin d'œil aux banquets et aux festins, les couteaux et les gobelets renvoient eux aux arts de la table en général. Le Bateleur, que l'on targue souvent de magicien, est connu pour sa créativité : en l'occurrence, il fait penser au fait de concocter un plat, à un jeune chef s'apprêtant à réaliser une préparation culinaire.

B. Penchons-nous désormais sur les allégories alimentaires véhiculées par certains arcanes majeurs dont les suivants :

L'ÉTOILE : la nature verdoyante et chatoyante qui entoure le personnage central fait immédiatement penser à un potager ou à un jardin. Le graphisme tout entier fait écho aux cultures maraîchères, aux fruits et légumes, aux produits naturels ou fraîchement cueillis, issus de l'agriculture biologique. La carte évoque invariablement une épicerie fine ou un rayon bio dans un supermarché. Toutefois, la morphologie de cette jeune femme agenouillée met en évidence des cuisses bien dodues et un petit renflement au niveau du ventre qui soulèvent la notion de mauvaise graisse et de cellulite. Son nombril en forme de bouche entrouverte retranscrit une forme d'appétence, un certain épicurisme.

LA JUSTICE : les deux plateaux de dame Justice caricaturent une balance, un instrument de mesure que l'on retrouve chez de nombreux commerçants pour soupeser les denrées alimentaires. Cet arcane symbolise un pèse-personne ; il est en lien direct avec la notion de poids et donc de pesée. Sa présence augure parfois d'un régime alimentaire équilibré où chaque aliment doit être pesé et chaque portion calculée au gramme près. Selon le cas, dame Justice matérialise le taux de glycémie, le niveau de glucose dans le sang, mais également l'indice de masse corporelle.

L'ARCANE SANS NOM : notre faucheuse incarne les récoltes, sa faux sonne l'heure de la moisson, la fin de l'été. L'arcane exprime un rapport direct avec la terre et le monde agricole. Sa colonne vertébrale en forme d'épi de blé renforce cette allusion au terroir, à la farine de blé, et donc au pain et aux céréales en général.

Le tranchant de la faux symbolise un hachoir, un couteau de boucher qui tranche et découpe la viande... Cet arcane renvoie aussi à des troubles alimentaires liés à l'anorexie. Ce squelette décharné avec « la peau sur les os » matérialise la maigreur et les désordres alimentaires qui en découlent. Paradoxalement, sa présence dans un tirage symbolise fréquemment une perte volontaire de poids telle une liposuccion.

LA FORCE : l'arcane exprime littéralement le fait de « forcir », de prendre du poids, d'être en surpoids. Il apparaît dans les troubles alimentaires associés à la boulimie et à l'obésité.

L'HERMITE : sa présence augure d'un régime carencé ou pauvre en sucre. Il évoque une baisse, une déficience ou un niveau trop bas.

LA ROUE DE FORTUNE : la forme de cette roue renvoie à un anneau gastrique posé pour réguler le poids.

LE DIABLE : il fait référence aux addictions en général. Sa présence dans un tirage aux côtés de Tempérance et de la Lune, qui évoquent respectivement la boisson et les liquides dans son ensemble, matérialise très souvent une forte dépendance à l'alcool.

LA MAISON-DIEU : le symbolisme de la « chute » renvoie ici à une perte soudaine de poids, parfois très importante et inquiétante (notamment aux abords de dame Justice). Il s'applique aussi aux chutes de cholestérol, de sucre...

LA LUNE : l'écrevisse, le homard ou le crabe qui gît à même la surface de l'eau en premier plan sur l'image évoque les fruits de mer, les grandes marées, et donc tous les produits de la pêche. La Lune fait ainsi écho à l'ostréiculture, à l'aviculture ainsi qu'à notre poissonnier. Elle représente les océans et l'eau dans son ensemble. Elle inclut tous les liquides en son sein, y compris le vin et les spiritueux. Aux abords de Tempérance ou du Diable, elle exprime parfois une soirée bien arrosée.

Si la gastronomie occupe une place de choix dans la société française, qu'en est-il de la mode ? Sommes-nous toujours à la page ? C'est ce que je propose de vous faire découvrir dans le prochain chapitre.

Chapitre 8
le tarot de Marseille et la mode

Quoi de plus naturel que d'aborder les arcanes de la mode dans un pays où le glamour et les défilés de haute couture attirent les célébrités du monde entier.

A. Dans cet univers bling-bling, fait de strass et paillettes, L'AMOUREUX demeure l'arcane emblématique de la mode.

L'AMOUREUX : grand séducteur ou aficionados de la mode, notre Amoureux s'habille de façon à attirer l'œil. La scène dépeint trois personnages entièrement vêtus d'habits étincelants qui font écho à des costumes d'époque. Ces magnifiques tuniques ou tenues théâtrales, hautes en couleur, symbolisent autant la gamme de vêtements d'un grand créateur que du prêt-à-porter ou des accessoires de mode. Ces habits de lumière évoquent les défilés de mode, la vitrine d'un créateur, la *fashion week,* les collections de haute couture, le *relooking*. Par extension, l'arcane matérialise le textile, les tissus, les étoffes, le fil, le coton ainsi que les matières synthétiques, évoquant aussi le cousu main, la broderie et les créations artisanales. Ces tuniques richement colorées aux relents tapageurs font écho aux tenues indiennes traditionnelles, aux saris. Ce goût prononcé pour les couleurs vives renvoie à la teinture et donc au maquillage, à l'idée de se parer pour un cérémonial. Les accessoires de mode sont représentés par les ceintures dorées, par la coiffe de la plus âgée des deux femmes, qui porte un « bibi », au travers des jolis souliers rouges chaussés par le personnage en tunique bayadère. Cette triade de personnages en habit de cérémonie fait écho à un code vestimentaire corporatiste ; il renvoie directement au port de l'uniforme, aux équipages arborant leurs habits de lumière. On retrouve cette analogie chez l'Impératrice et l'Empereur, qui portent des tenues comparables à des uniformes.

B. Examinons désormais la garde-robe et le style vestimentaire de nos autres personnages, et arrêtons-nous un instant sur le symbolisme que renferment certaines tenues.

LE BATELEUR : vêtu d'une veste multicolore à manches longues et bouffantes, tel un saltimbanque, notre Bateleur porte une tenue semblable à un justaucorps. Son col blanc en V lui donne une pureté, l'innocence du profane. Sa tunique bigarrée, cintrée à la taille par une double ceinture dorée, affiche une large boutonnière en son centre. Son habit d'arlequin est agrémenté de plusieurs accessoires de mode : le chapeau à larges bords symbolise les couvre-chefs et autres créations des chapeliers, sa forme en lemniscate augure des infinies possibilités que possède ce jeune apprenti. La besace ouverte sur la table ressemble à une sacoche. Elle évoque tantôt un sac à main, une pochette en cuir, une trousse de toilette et renvoie à la maroquinerie et aux tanneurs. Elle symbolise cette « caisse à outils » nécessaire aux œuvres de création dont le Bateleur est si friand. Ses souliers jaunes, dont l'un d'entre eux laisse apparaître une légère talonnade, sont très visibles sur l'image. La présence de cette talonnade suggère une forme de claudication.

LA PAPESSE : emmaillotée de cette grande cape qui lui couvre l'ensemble du corps, laissant à peine entrevoir son visage et ses mains, la Papesse se présente comme terrée derrière un amas de voiles et de vêtements. Son avant-bras gauche semble tenu en écharpe, à l'instar du bras gauche de l'Hermite. Sa robe, qui fait apparaître deux bandelettes ornées de petites croix noires sur fond bleu ciel au niveau du buste, fait penser à celle d'une religieuse. Tout ce drapé dégage un sentiment de confinement, d'imperméabilité, d'occulte, de mystères et de secrets. Matérialisant essentiellement les châles et les foulards, cette lame de tarot représente aussi le port du voile intégral et de la burqa. L'imagerie symbolise également les voilages, les double rideaux, les tentures…

L'IMPÉRATRICE : parée d'une jolie tunique rouge tombant sur sa robe bleue, la jeune femme paraît guindée, voire « racée ». Elle est élégamment vêtue, et son habit, tout comme son diadème, définit son appartenance à une classe sociale, à une corporation élitiste ; elle symbolise l'étiquette, un pedigree. On dirait une tenue protocolaire. Goût de l'apparat oblige, l'Impératrice affiche un somptueux collier. L'arcane représente les pendentifs et les bijoux de luxe en général. Le blason et son imprimé figurant un aigle royal évoquent le prestige, une armoirie. On pourrait y voir la griffe d'un grand couturier, un vêtement de marque, une notion de « vintage ».

L'EMPEREUR : la cuirasse qu'il arbore fièrement matérialise sa puissance et son invincibilité. Tel un chef de guerre, l'Empereur porte une tenue militaire. Il tient un large ceinturon doré de la main gauche, comme pour affirmer son autorité. Son imposant collier torsadé auquel est accroché un médaillon fait penser à une chaîne en or massif, un symbole de pouvoir et de virilité. Ses souliers rouges ornés d'une boucle ressemblent davantage à des chaussons, voire à des chaussettes. Une sensation de nonchalance et d'apparente décontraction transparaît de sa position avachie. Dans le même esprit, les chausses qui recouvrent les jambes de notre monarque ressemblent fort à des collants, à des bas, à des leggings, voire même à un pyjama...

LE PAPE : le souverain pontife revêt ici l'habit clérical, la tenue de l'ecclésiastique ; sa soutane est recouverte d'une grande cape rouge bordée de galons dorés, dont les deux pans sont fermés par un gros médaillon qui ressemble fortement à une broche. Les deux fidèles se prosternant à ses pieds sont vêtus d'habits monacaux, l'un d'entre eux laissant apparaître un chapeau à même l'épaule, qui est semblable à un chapeau de paille. Ce chapeau est retiré, car on entre dans un lieu de culte et seul le Pape conserve sa tiare, qui revendique son haut degré de spiritualité. Le saint Pierre porte un gant bleu clair frappé de la croix des templiers. Cette symbolique de la croix en forme de trident renforce son statut d'initié.

LE CHARIOT : à l'instar de son aîné l'empereur, notre chevalier arbore une cuirasse. Cet accoutrement de guerrier n'est pas sans rappeler la tenue des CRS ou des brigades d'intervention spéciales. On dirait qu'il porte un gilet pare-balles. Les épaulettes en demi-lune ressortent sur l'habit. Elles ressemblent à des fourreaux qui marquent le grade des officiers dans l'armée et dans la police. Sa cuirasse se prolonge par une collerette jaune ornée de quatre festons ; elle fait penser à un uniforme de parade, voire à un sous-ceinturon militaire.

LA JUSTICE : à l'exception de son aspect multicolore, l'habit que revêt dame Justice fait écho à la toge des magistrats. Sa robe lui couvre tout le corps ; elle paraît plutôt ample, bien que droite et ajustée au niveau du buste. Elle forme ensuite une large protubérance à hauteur du bas-ventre, le signe que notre juriste est plutôt grassouillette. Le bas de sa robe est fort plissé, notamment au niveau des genoux. Un collier torsadé massif marque son pouvoir, à l'image du mortier qui la coiffe, il indique aussi que cette femme est ouverte à la coquetterie.

L'HERMITE : chaudement vêtu, notre doyen du tarot porte une robe de moine vert foncé recouverte d'un grand manteau à capuche rouge. À l'instar de la Papesse et de son voile, on dirait qu'il s'est chaudement emmitouflé pour se protéger du froid. Il porte un gant bleu clair uni à la main gauche. Sa longue robe quasi monacale renvoie à l'idée d'isolement, de retraite spirituelle, du besoin de solitude.

LA ROUE DE FORTUNE : la créature humanoïde à tête de singe qui descend le long de la roue à gauche porte une jupe évasée et bariolée aux allures de kilt, tandis que l'autre bestiole qui gravit la roue arbore une tunique bleue à queue rouge, qui lui moule le haut du corps. On dirait des animaux de cirque que l'on a vêtus pour les besoins du spectacle.

LA FORCE : ce personnage féminin arbore une capeline qui fait écho aux créations des chapeliers et des modistes œuvrant dans les maisons de haute couture. Sa forme est semblable au couvre-chef qui coiffe notre bateleur. Élégamment vêtue, la force porte une jolie robe bleu foncé, rehaussée d'une cape rouge qui recouvre ses épaules et tombe jusqu'au sol, à la manière d'une traîne. Sa tenue se distingue largement des autres créations, notamment par son corset à lacets. Coquetterie oblige, elle accessoirise sa tenue par un collier ras-du-cou, un bracelet rouge, et un vernis rouge visible sur son pouce et son orteil, une couleur assortie à sa cape. Elle fait écho aux tenues de gala, à une idée de la noblesse et des aristocrates qui ont un rang à tenir. Son style fait penser à celui de madame de Fontenay, connue pour être la « la dame au chapeau ».

LE PENDU : on a l'impression de voir notre Bateleur sans son chapeau la tête à l'envers. Ses jambes sont comme gainées, quasiment moulées dans un collant de danse ! Ces chausses qui lui enveloppent les jambes sont semblables à des bas de contention, à une paire de leggings, de jogging, à un pyjama, voire à un jean moulant. Il est comme maintenu dans une camisole, emprisonné par son habit de bagnard. Son cou semble comme engoncé dans une veste à col roulé ou comme enserré dans un cache-col ou dans un turban vert. Une sensation d'étouffement se dégage de l'image. La boutonnière de la veste et ses dix pressions fermées renforcent cette idée d'enfermement. Les deux poches de sa tunique sont fort visibles, comme pour attirer notre attention sur le fait qu'elles sont vides et que ses mains en sont absentes, car liées derrière son dos. Cette sémantique de l'emprisonnement transparaît donc de la tenue de notre pendu.

TEMPÉRANCE : dans un style plus épuré mais tout aussi élégant que celui de la Force, la jeune femme blonde à l'image soigne son apparence. Elle est vêtue d'une longue robe bicolore ourlée sur sa partie basse et cintrée à la taille par une énorme collerette verte. La forme de son haut fait penser à un gilet de serveuse ou de barman ; il est dégagé. Elle semble à l'aise, comme le suggère le mouvement de balancier de ses bras. On distingue une matière plissée en accordéon au niveau du torse, comme un jabot ou une mousseline, ce qui lui permet d'étirer les bras à loisir. On dirait aussi un corsage à manches légèrement décolleté sur le devant. Tempérance arbore un style chic et décontracté. On y découvre des bijoux fantaisie, notamment une boucle d'oreille jaune très discrète, une fleur rouge dans les cheveux, au sommet du crâne...

LA MAISON-DIEU : acrobate de l'extrême, le personnage central incarne un saltimbanque. Son habit bariolé, formé de parties disparates, est tout aussi dépareillé que sa paire de chaussures de couleurs différentes. Sa tunique s'accorde à merveille avec les volutes multicolores qui jaillissent de la tourelle. Le panachage de couleurs de son habit se marie avec le chaos général qui se dégage de la scène...

LE SOLEIL : l'image de ce grand Soleil scintillant est en analogie directe avec l'or et les bijoux de valeur, tout ce qui brille, ce qui est éclatant. L'arcane fait d'emblée référence aux vêtements de luxe, au prêt-à-porter chic, haut de gamme. Le pagne bleu ciel que portent les jumeaux fait écho à un short, à un bermuda, à un caleçon, aux sous-vêtements en général. Enfin, la plage renvoie directement au maillot de bain.

LE MONDE : le rapport au textile se veut minimaliste sur cet arcane. On y distingue une « danseuse » portant pour seul vêtement une longue écharpe bicolore à revers orangé sur sa partie basse. Hormis cette étole rouge et bleue qui lui tombe gracieusement le long du corps, une pince orangée semblable à une grosse boucle d'oreille orne ses longs cheveux blonds qu'elle porte détachés. Enfin, la belle demoiselle tient une petite fiole de la main droite, qui fait penser à une bouteille de parfum.

LE MAT : ce drôle de bonnet d'âne qui recouvre la tête du Mat au trois-quarts est semblable à une cagoule. La scène fait penser à un bandit encagoulé qui prend la fuite, un chien aux trousses, son butin dans le sac. Sa dégaine improbable et sa tenue décalée aux allures carnavalesques font de lui un personnage extravagant, hors du temps et des conventions sociales. On l'associe traditionnellement aux lanceurs de mode. Son habit à grelots fait allusion au fou du roi, à un arlequin, au bouffon qui divertit. Sa collerette à pompons qui tombe sur ses épaules accentue cette idée de burlesque, de clownesque, de comédie. Ses chausses sont déchirées, il semble donc porter de vieux haillons. Son allure négligée et son look *grunge* renvoient à la friperie, aux guenilles. Paradoxalement, ces souliers, qui sont comme neufs, ressemblent fort aux jolis souliers rouges chaussés par l'Amoureux. Le fait qu'ils soient aussi visibles à l'image amplifie son côté baroudeur : on y distingue une semelle de bonne qualité sur le pied légèrement surélevé. Le Mat a, semble-t-il, besoin de bonnes chaussures de marche.

Remarque. Les personnages vêtus sur les arcanes portent tous des habits à manches longues tandis que, paradoxalement, les autres revendiquent leur nudité. Cette dualité se retrouve aussi chez les anges dépeints sur les arcanes, tantôt nus tantôt couverts. Cela nous renvoie à l'idée que le monde des mortels est similaire au leur.

C. Qu'en est-il alors des podiums et des coulisses de la mode ?

L'AMOUREUX : l'arcane représente un showroom, une vitrine de mode, il évoque la présentation des nouvelles collections et donc les défilés de haute couture à lui seul. Notons que le binôme 18 + 6 matérialise une boutique (18) de mode (6), un local (18) à vêtements (6).

L'ÉTOILE : elle symbolise la beauté naturelle, pure, sans artifice. Elle représente un modèle, une graine de beauté qui arpente les podiums et les défilés de mode. L'arcane véhicule une notion de féerie et de strass en lien avec l'esthétisme.

LE MONDE : cette lame de tarot matérialise les shows internationaux tels que l'élection de Miss Monde, de Miss Univers. La danseuse au centre de la guirlande est comme touchée par la grâce, son aura fait penser à l'égérie d'un créateur, à une ambassadrice de mode.

Alors que les défilés regroupent des milliers de people et de stars venus du monde entier assister à ces événements mondains, les mannequins, quant à eux, passent souvent plus de temps dans les aéroports et les gares que sur les podiums. Le chapitre suivant est donc dédié aux moyens de transport.

Chapitre 9

le tarot de Marseille et les transports

Ce voyage initiatique dans l'univers du tarot de Marseille nous amène justement à évoquer les moyens de locomotion que nous utilisons tous dans notre quotidien.

A. Si le tarot de Marseille a cru bon de représenter tous les moyens de transport sans exception, comme nous nous apprêtons à le découvrir, LE CHARIOT et LA ROUE DE FORTUNE n'en demeurent pas moins les deux arcanes emblématiques.

LE CHARIOT : cette lame du tarot matérialise un déplacement, un mouvement, le fait de « se mettre en branle » et de parcourir une distance. La scène dépeint un drôle de véhicule muni de deux roues, tel un fiacre. Tandis que l'attelage et son cavalier font immédiatement écho aux courses de char, le symbolisme des roues renvoie directement au fait d'être véhiculé. Ce carrosse évoque principalement les moyens de transport terrestres, à l'instar du train, de la voiture, du car, du bus, de la caravane etc. Sur de très anciennes versions du tarot de Marseille, on retrouve les initiales VT pour « véhicule terrestre » frappées sur le devant du char. On associe communément le Chariot et son attelage aux courses hippiques. Il symbolise donc l'équitation, et par extension, les balades à dos d'âne ou de dromadaire.

LA ROUE DE FORTUNE : sa forme ovale imite celle d'une roue ou d'un volant, elle matérialise donc très nettement la circulation et le fait de « rouler ». Elle véhicule une notion de circuit fermé, tel le périphérique, un sens giratoire. En règle générale, elle renvoie surtout aux cycles, c'est-à-dire aux bicyclettes, aux motocyclettes, ce qui est d'autant plus vrai que son graphisme, notamment son moyeu, est semblable en tout point à celui d'un pédalier.

B. Intéressons-nous maintenant aux autres moyens de locomotion qui font que le monde actuel est devenu un village.

TEMPÉRANCE : elle matérialise le transport aérien dans son ensemble. Les ailes déployées, tel un aigle royal, sa silhouette angélique presque éthérée évoquent volontiers le vol des oiseaux : ses ailes symbolisent surtout l'aviation et le transport par les airs ; elles symbolisent autant les gros-porteurs que les planeurs. En outre, cette jeune femme fait penser à une l'hôtesse de l'air tant par sa posture, ses ailes et sa tenue de serveuse que par le maniement des deux cruches.

LA LUNE : l'écrevisse qui gît dans le bassin évoque spontanément les océans et la navigation en mer. La Lune couvre donc tous les moyens de transport maritimes, du chalutier aux géants des mers, tels les paquebots. Elle renvoie aux croisières, aux grandes traversées.

LE MONDE : il symbolise le globe et les voyages lointains. Cette lame du tarot fait donc écho aux long-courriers et aux liaisons intercontinentales. On est ici dans les déplacements de masse.

LE MAT : le Mat, qui transporte son bagage sur son dos, matérialise les globe-trotters et les voyageurs en général. Ce bipède semble marcher inlassablement ; il incarne autant les marathoniens que la randonnée pédestre. Son personnage évoque volontiers un nomade et retranscrit de facto un exode, une transhumance, un flux migratoire, un mouvement de population.

C. Avant de prendre la route, il est un sésame que se doit d'obtenir tout bon conducteur : son permis de conduire. Regardons donc ce que nous dit le tarot à ce sujet, à savoir :

LA PAPESSE : le livre sur lequel notre doyenne du tarot semble méditer implique un enseignement, un apprentissage, une notion de savoir et de connaissances à intégrer. En l'espèce, son manuscrit représente la partie théorique de permis : il s'agit donc du Code de la route.

LE CHARIOT : nous voici arrivés à la pratique, et donc la conduite. Symbolisant les moyens de transport terrestres et notamment les voitures, le Chariot incarne de facto les leçons de conduite.

LA JUSTICE : l'arcane représente l'obtention de ce précieux sésame : cette lame du tarot incarne communément une administration, telle une mairie. Elle évoque notamment le caractère officiel du document ; elle symbolise un acte officiel, le sceau d'une administration, en l'occurrence celui de la préfecture de police.

- **Voici quelques points du Code de la route observés sous le prisme du tarot de Marseille, à savoir :**

L'AMOUREUX : symbolisant fréquemment un choix d'orientation, il matérialise surtout la croisée des chemins et, en l'espèce, un carrefour, un croisement, une intersection.

L'HERMITE : ce vieillard qui avance à l'aide de sa canne personnifie la lenteur ; sa présence marque l'obligation de freiner, de ralentir. Il matérialise notamment les ralentisseurs, les dos-d'âne.

LA ROUE DE FORTUNE : arcane emblématique de la circulation, la présence de cette roue qui tourne sur elle-même indique un sens giratoire.

LE PENDU : s'il augure principalement d'un blocage, il retranscrit une impasse, c'est-à-dire un cul-de-sac ou une voie sans issue.

LA MAISON-DIEU : le graphisme évoque un risque d'éboulis, une zone dangereuse.

LE MONDE : son nom implique un grand nombre de personnes, en l'espèce une zone urbaine. Il annonce donc l'entrée dans une zone d'agglomération.

LE MAT : quoi de plus naturel, pour notre marcheur, que de symboliser un passage piéton.

D. Voici maintenant un certain nombre de notions de mécanique qui vous seront utiles si vous devez apporter votre véhicule chez le garagiste pour un contrôle technique.

- **Commençons par reconnaître les arcanes majeurs qui matérialisent au mieux les pannes et les accidents de la circulation, à savoir :**

LE PENDU : on l'associe communément à un blocage. Dans ce contexte automobile, il symbolise les pannes sans en spécifier la nature exacte. En revanche, il évoque une voiture immobilisée, en cale. Notons aussi que le lien auquel est attaché notre pendu est un clin d'œil au sabot posé sur la roue de notre véhicule pour le maintenir à l'arrêt.

LA MAISON-DIEU : à l'instar du personnage expulsé de la tour, le graphisme renvoie à un accidenté éjecté de son habitacle, une notion de carambolage, de choc et de tôles froissées se dégage de la scène. L'iconographie évoque les accidents de la circulation ainsi que les explosions et les incendies, en l'occurrence un feu au moteur.

L'ARCANE SANS NOM : il matérialise surtout les risques en lien direct avec le sol, avec le bitume. Il symbolise surtout une crevaison, eu égard au tranchant acéré de sa lame. Il renvoie aussi à l'idée d'être fauché, happé. Enfin, l'objet fait écho à un pied-de-biche, ou au cric de la voiture.

- **Rendons-nous maintenant chez le garagiste pour faire réparer notre véhicule :**

LE BATELEUR : ce jeune homme matérialise volontiers les réparations, l'outillage, la manutention et le petit entretien. Si la table symbolise son établi, les objets qui y sont entreposés représentent les pièces à changer, sa besace imite la caisse à outils.

- **Intéressons-nous désormais aux principales pièces de notre véhicule, à savoir :**

LA PAPESSE : le drapé qui recouvre le dossier de son siège ainsi que la symbolique du voile matérialisent principalement les housses et les revêtements de siège.

L'IMPÉRATRICE : elle lorgne le spectre comme s'il s'agissait d'un miroir, son regard « en biais » évoque le rétroviseur extérieur.

L'EMPEREUR : le graphisme, qui représente un homme dont le regard est rivé sur son spectre, renvoie à l'image du conducteur concentré sur sa conduite, scrutant son rétroviseur intérieur. Son casque évoque de surcroît les pilotes de formule 1.

L'AMOUREUX : le personnage de l'Amoureux est confronté à un choix ; cette hésitation auquel il fait face indique ici un problème de direction.

LE CHARIOT : le char, qui fait apparaître deux grandes roues, évoque le châssis de la voiture, le bas de caisse.

LA JUSTICE : elle incarne une immatriculation à un registre quelconque. En l'espèce, elle évoque la plaque minéralogique du véhicule, son identifiant.

L'HERMITE : s'il évoque d'emblée la vétusté, l'usure du temps, il incarne surtout une voiture d'occasion, un vieux tacot. Sa lanterne matérialise les problèmes de visibilité et renvoie en l'occurrence aux phares et à l'éclairage. L'arcane, qui est un modèle de retard et de lenteur, invite aussi à vérifier le système de freinage.

LA ROUE DE FORTUNE : sa forme ovale symbolise principalement les pneus et les roues, mais également la courroie de transmission, les joints de culasse, la boîte de vitesses, tous les engrenages de forme ovoïde.

L'ARCANE SANS NOM : symbolisant les matières toxiques et notamment les déchets, cet arcane retranscrit la partie du véhicule qui permet de refouler les polluants dans l'atmosphère, à savoir le pot d'échappement.

TEMPÉRANCE : elle représente tantôt une jauge d'huile tantôt un plein d'essence. Le liquide versé entre les deux amphores fait immédiatement penser au fait de faire le plein, de passer chez le pompiste.

LA MAISON-DIEU : la tour qui renvoie à l'habitat fait écho à l'habitacle de la voiture, à la carrosserie du véhicule, un lieu clos qui nous protège de l'extérieur.

L'ÉTOILE : elle représente principalement les liquides, et en l'espèce le niveau d'eau ou d'huile. Sa présence peut avertir d'une fuite.

LE SOLEIL : s'il réchauffe en nous dardant de ses rayons, il incarne d'abord le système de chauffage. Son rayonnement évoque aussi ce qui brille, ce qui se voit de loin. Il matérialise donc les pleins phares, les feux de détresse ou les clignotants.

LE JUGEMENT : la trompette de notre ange évoque d'abord le bruit, et donc le klaxon du véhicule. Cependant, elle représente principalement la voix qui nous guide, les systèmes électroniques de bord tels que le système de navigation autocommandé, le GPS. Enfin, cette trompette dans laquelle on souffle à pleins poumons renvoie également au système de ventilation.

Prenons désormais le chemin de l'école...

Chapitre 10
le tarot de Marseille et l'école

Dans ce chapitre, je vous propose de retourner sur les bancs de l'école et de redécouvrir l'univers scolaire ainsi que les matières qui y sont enseignées.

A. En matière éducative, les trois arcanes emblématiques de l'école, tout niveau confondu, sont LA PAPESSE, LE SOLEIL et LE BATELEUR pour les raisons énoncées ci-après :

LA PAPESSE : comme nous l'avons déjà expliqué précédemment, la Papesse est comme plongée dans ses pensées, elle semble réfléchir sur le livre qui est posé sur ses genoux. Ce manuscrit fait penser à un vieux grimoire, il fait directement écho aux manuels scolaires et renvoie à l'apprentissage de la lecture et de l'écriture. Notre papesse matérialise autant la maîtresse de cours préparatoire que l'agrégée d'université. Elle incarne les études et l'universalité de l'enseignement. Ce livre qu'elle contemple renvoie donc à la connaissance et aux lieux qui la symbolisent, tels que les bibliothèques, les médiathèques…

LE SOLEIL : les deux enfants incarnent les élèves et les étudiants. Cette lame évoque la jeunesse, un lieu où l'on côtoie ses camarades de classe. La scène qui se déroule à l'extérieur fait penser à une cour de récréation et à cette fameuse phrase qui retentit encore dans nos oreilles « en rang par deux » ! On y voit aussi des jeunes gens en colonie de vacances.

LE BATELEUR : l'image parle d'elle-même. On y retrouve le cliché de l'écolier : équipé de sa trousse (sa besace), d'un stylo ou d'une règle (sa baguette) à la main, le personnage se tient devant cette grande table en bois à la manière d'un écolier devant son pupitre. Le gobelet posé devant lui sur la table fait penser à un encrier dans lequel il trempe la plume qu'il tient à la main. Les dés qui sont sur son pupitre évoquent le jeu et le caractère ludique propre aux petites classes, aux maternelles et aux cours préparatoires. Il est au début de son parcours scolaire, de son éveil. On lui offre les outils pédagogiques, il lui reste à les utiliser, à se créer.

B. Précisons certains points que tout étudiant se doit de connaître, à savoir :

LE PAPE : l'arcane évoque principalement les formations et les conférences. Cet homme mûr matérialise le doyen d'une faculté ou le proviseur d'un lycée (dans le cas d'une dame, on lui préférera son homologue féminin, la Papesse). Il symbolise aussi un maître de conférences en milieu universitaire.

LA JUSTICE : si l'arcane représente d'abord la validation d'un diplôme, il incarne aussi les concours de l'administration, notamment de la fonction publique.

L'HERMITE : il matérialise essentiellement les études de troisième cycle et les chercheurs de tout bord. Il représente les doctorants et les thésards. Ce besoin de chercher est symbolisé par la lampe qui scrute l'horizon.

LE JUGEMENT : cet arcane symbolise la communication et le recours aux réseaux sociaux. Le Jugement renvoie à l'usage d'Internet et du Web et matérialise de facto les cours par correspondance, tels que l'utilisation de l'e-learning. Notons que cet arcane représente les épreuves orales lors d'examens ou de concours. Enfin, le jugement matérialise aussi un conseil de classe ou un jury d'examinateurs.

L'ARCANE SANS NOM : si cet arcane évoque principalement les filières techniques et les métiers manuels en général, il matérialise aussi les évictions et les sanctions disciplinaires au sein des établissements scolaires.

C. Voyons maintenant les principales matières enseignées à l'école sous le prisme du tarot de Marseille, à savoir :

LA PAPESSE : elle nous enseigne le français et, par extension, l'apprentissage du langage. Le livre symbolise autant les écrits que la lecture. C'est ainsi que cette lame de tarot représente les épreuves écrites en période d'examens ou de partiels. Elle matérialise aussi l'écriture d'un mémoire de recherche ou d'une thèse.

LA JUSTICE : cartésienne par essence, la Justice tient les comptes. Elle fait les calculs : c'est la carte de la comptabilité, et en l'espèce des mathématiques.

L'HERMITE : cet ancêtre évoque le passé ; il est la mémoire de tout un chacun. Il renvoie donc tout naturellement à l'histoire.

LE PENDU : arcane emblématique du médical, comme nous le verrons ultérieurement, le Pendu incarne les matières scientifiques telles que la physique chimie et la biologie.

TEMPÉRANCE : incarnant le dialogue et les échanges linguistiques, notamment le passage d'une langue à une autre, Tempérance représente principalement les langues étrangères.

LE MONDE : son évocation fait écho au globe terrestre et au planisphère. En l'occurrence, l'arcane symbolise la géographie.

Remarque. Le binôme 18 + 19 matérialise une école, précisément la maison (18) des enfants (19). Ce binôme englobe l'école maternelle, le collège et le lycée, tandis que le binôme 18 + 21 représente les universités, le binôme 18 + 12 une faculté de médecine, le binôme 18 + 8 une faculté de droit...

D. L'ACCÈS À L'ÉDUCATION PASSE AUSSI PAR DES ACTIVITÉS EXTRASCOLAIRES TELLES QUE LES SORTIES CULTURELLES :

L'ÉTOILE : carte emblématique de la culture et de l'événementiel, l'Étoile couvre toutes les manifestations culturelles et artistiques comme les visites de musées ou de galeries d'art...

L'AMOUREUX : il évoque le théâtre, les humoristes et la comédie en général, des moyens d'expression qui sont souvent source d'inspiration chez les jeunes.

LE JUGEMENT : il représente principalement un support audiovisuel tel qu'une vidéo ou un DVD... Le jugement représente aussi les épreuves orales en période d'examens ou de partiels.

Maintenant que nous avons obtenu notre diplôme, partons chercher du travail...

Chapitre II
le tarot de Marseille et le travail

Voici l'un des secteurs les plus sensibles de nos sociétés capitalistiques à un moment où il est de plus en plus difficile de décrocher un emploi.

A. Sur le marché du travail, LE CHARIOT et LE BATELEUR sont les deux arcanes emblématiques de l'activité professionnelle.

LE CHARIOT : l'arcane symbolise l'activité professionnelle, et ce, quel que soit votre domaine de compétence, que vous soyez salarié ou indépendant. La scène fait écho à un conquérant parti à l'assaut de tel ou tel territoire : le galop des chevaux renvoie littéralement au caractère fougueux de la jeunesse, et le cavalier à l'allure chevaleresque incarne volontiers le dynamisme et la motivation propre à la jeune garde en quête de reconnaissance professionnelle. Le Chariot véhicule la notion de réalisation, de compétitivité, d'aller de l'avant, de continuer sur sa lancée. Il représente souvent les jeunes cadres dynamiques.

LE BATELEUR : il matérialise l'énergie créative, le fait de commencer une activité, de débuter dans la vie active. Il symbolise une start-up, l'entreprenariat et la mise en œuvre de projets en préparation. Transposée dans le domaine de l'entreprise, cette lame du tarot représente l'apprentissage et les stages de professionnalisation. Elle préside à l'action et aux initiatives personnelles. En règle générale, le personnage du Bateleur incarne un stagiaire ou une jeune recrue.

B. Dans cet univers impitoyable, où le marché du travail est hyperconcurrentiel, qu'en est-il des laissés-pour-compte du système : les demandeurs d'emploi ?

L'ARCANE SANS NOM : l'arcane matérialise le Pôle emploi. Le squelette évoque une période de disette et d'austérité. Transposé dans le monde du travail, il signale une période de chômage ou d''inactivité.

L'HERMITE : Il représente une recherche de poste ou d'emploi. La scène fait écho à une quête, à une recherche. La lanterne que notre vieillard tient de sa main droite permet de scruter l'horizon et de l'éclairer dans sa quête. Notons que le binôme 9 + 7 matérialise clairement cette recherche d'emploi (cf. *Guide d'interprétation des 462 binômes*).

LE PAPE : il représente un conseiller Pôle emploi (notamment le binôme 5 + 13). Transposée dans l'univers professionnel, cette image du Saint-Père évoque la rencontre d'un consultant extérieur ou d'un spécialiste de l'emploi, tel un outplacer. Enfin, l'arcane symbolise le DIF (droit à la formation professionnelle) et les concours.

LE JUGEMENT : la trompette dans laquelle souffle cet ange tutélaire évoque un appel, un message, un signe du destin, des nouvelles. En l'espèce, il représente une convocation ou un entretien. Enfin, le jugement symbolise la consultation des offres sur Internet (notamment 9 + 20).

L'IMPÉRATRICE : le spectre qu'elle tient de sa main gauche fait écho à une plume, à un stylo et renvoie à une aisance rédactionnelle. On associe communément l'Impératrice aux courriers administratifs et au curriculum vitae. Elle annonce donc la rédaction ou l'envoi de CV, surtout aux abords du Bateleur.

LA PAPESSE : l'ouvrage qui est posé sur ses genoux symbolise un apprentissage, un stage ou une formation théorique. Sa présence dans un tirage nous conseille d'assimiler des connaissances en vue d'une éventuelle évolution ou reconversion professionnelle.

LE DIABLE : selon le contexte, notre Belzébuth matérialise tantôt les recruteurs et les chasseurs de têtes chargés de pourvoir des postes pour le compte d'entreprises publiques ou privées, tantôt des négociations telles des transactions financières avec l'employeur (rupture conventionnelle etc.).

LA JUSTICE : elle présage de la signature d'un contrat, un très bon signe en période de recherche d'emploi ! Garante des institutions et de l'État, dame Justice matérialise essentiellement les postes de fonctionnaires.

L'AMOUREUX : il présage de pourparlers, de sélections et d'un processus de recrutement (notamment auprès de la Roue de Fortune qui parle de turnover). Au côté de dame Justice, il annonce souvent un contrat à durée indéterminé de trois ou six mois. Enfin, cette lame emblématique des ami(e)s représente aussi le concours d'un(e) ami(e) ou l'intermédiaire d'une tierce personne dans le cadre d'une mise en relation.

TEMPÉRANCE : elle symbolise les agences d'intérim et les missions qui en résultent. Elle matérialise également un contact téléphonique voire un entretien téléphonique.

LE MONDE : il symbolise notre réseau relationnel, l'ensemble de nos connaissances.

C. Plongeons maintenant dans le monde de l'entreprise et intéressons-nous à son organigramme.

LE PAPE : selon la taille de l'entreprise, il symbolise le P.-D.G. de l'entreprise, un chef de service ou un collègue mature. Il représente le statut de cadre au sein d'une société.

LA PAPESSE : elle incarne la P.-D.G. de l'entreprise ou une chef de service, et très souvent une personne mature et expérimentée. À l'instar du Pape, son homologue masculin, elle peut aussi représenter une femme en âge de prendre sa retraite.

L'EMPEREUR : selon la taille de la structure, il incarne le D.G. de l'entreprise, un dirigeant ou un agent de maîtrise. Il représente le personnel masculin, notamment les quadras et au-delà.

L'IMPÉRATRICE : on l'associe communément à la secrétaire, mais elle brigue parfois un poste de dirigeante, surtout s'il s'agit d'une PMI ou PME. Elle représente le personnel féminin de l'entreprise.

LE CHARIOT : il représente les jeunes cadres dynamiques dans l'entreprise. Il symbolise le personnel masculin, notamment les trentenaires.

LE BATELEUR : comme nous l'avons expliqué, le personnage du Bateleur évoque un(e) stagiaire, un(e) apprenti, une jeune recrue.

LA JUSTICE : elle matérialise la comptabilité et donc le service paie et gestion. Les deux plateaux de la balance symbolisent l'équité, le fait de peser, de compter, de calculer, de chercher l'équilibre !

L'HERMITE : il représente d'abord le service informatique, les gens méticuleux et pointilleux. Ce vieux monsieur au crépuscule de sa vie détermine aussi votre niveau d'ancienneté au sein de l'entreprise. Il matérialise enfin la retraite (notamment le binôme 9 + 13).

LE MONDE : cet arcane, comme son nom l'indique, représente un ensemble de personnes, une communauté. Transposé dans le monde de l'entreprise, le Monde matérialise les ressources humaines, c'est-à-dire les effectifs, l'ensemble du personnel, la gestion de la masse salariale.

L'AMOUREUX : les trois personnages debout sur l'image symbolisent un groupe et, en l'espèce, une équipe de travail. Ils discutent de choix et de stratégie, de direction à prendre. Ils font écho aux délégués du personnel ou aux syndicats (notamment le binôme 6 + 8).

LE DIABLE : il recoupe le service financier et la trésorerie d'entreprise (ses taxes et diverses impositions). Il représente aussi les négociations transactionnelles, les procédures prud'homales, et les conflits salariaux.

TEMPÉRANCE : cette charmante jeune femme incarne principalement une assistante ou une standardiste. Elle symbolise l'accueil téléphonique et la réception. Enfin, elle représente les périodes de congé, les RTT et les vacances.

LA ROUE DE FORTUNE : en dehors du fait qu'elle signale un fort niveau de turnover au sein de l'entreprise (*to turn* signifiant « tourner » en langue anglaise), sa présence définit une mobilité, une reconversion, une réorientation professionnelle.

LE MAT : cet arcane matérialise le principe même de l'évolution, de la continuité. Il est question de voler vers d'autres horizons, de poursuivre son chemin. Il retranscrit volontiers une mutation professionnelle. On veut tenter l'aventure sur un autre poste de travail. En négatif, il surgit dans un jeu si vous êtes victime de harcèlement moral au travail.

L'ARCANE SANS NOM : cet arcane, qui exprime le dur labeur, incarne la pénibilité au travail. Il symbolise la cheville ouvrière de l'entreprise à l'instar des agents de maintenance, de nettoyage... Sa présence dans un tirage augure très souvent d'une vague de licenciements ou d'un arrêt de travail.

D. Afin de faire face à la crise, nombreux sont celles et ceux qui décident de monter leur entreprise et qui se lancent dans l'auto-entreprenariat. Apprenons donc à reconnaître ses indépendants sous le prisme du tarot.

LA JUSTICE : elle symbolise toutes les démarches juridico-administratives, et notamment l'immatriculation de l'entreprise au Registre du commerce ou son inscription à l'Urssaf. La justice définit le statut de votre Société (SA, EURL...). Retranscrit dans le monde des affaires, cet arcane, qui évoque traditionnellement les calculs mathématiques, représente surtout la comptabilité, les charges d'Urssaf et les déclarations de chiffres d'affaires. Elle matérialise la trésorerie de l'entreprise.

LA ROUE DE FORTUNE : carte d'argent, cette roue parle essentiellement de l'actionnariat d'entreprise et des placements en bourse. Dans le cadre d'une activité d'auto-entreprenariat, elle représente les fonds et le disponible, elle symbolise donc le fonds de roulement.

LA FORCE : elle caractérise de facto les auto-entrepreneurs et les indépendants de tout bord, elle évoque la capacité à diriger de main de maître et donc à orchestrer son propre business.

L'ARCANE SANS NOM : elle augure toujours de grandes difficultés financières, de pertes de revenus. Mal entourée, cette lame de tarot présage de dettes importantes, de relances d'huissier, voire d'une radiation définitive de votre société. Elle retranscrit aussi toute forme d'annulations, qu'il s'agisse de rendez-vous ou de commandes.

LE MONDE : il représente la clientèle, le fonds de commerce. Mal entouré, il présage d'une baisse significative de fréquentation, voire d'une affaire en déclin (notamment aux abords de la Maison-Dieu).

LA LUNE : cette lame, qui est traditionnellement rattachée au foyer et au cocon familial, représente en l'espèce une activité à domicile.

LA MAISON-DIEU : représentant les immeubles d'habitation, cet arcane matérialise des locaux, et notamment des bureaux. Il fait écho aux grandes tours du quartier de la Défense. Il symbolise aussi le 1 % patronal.

LE SOLEIL : l'iconographie caricature une entente fraternelle, une grande amitié qui lie ses deux personnages. En l'occurrence, ils retranscrivent un partenariat d'entreprise, le besoin de s'associer ou de fusionner afin d'être plus compétitif.

Nous voici donc avec un métier en poche, qu'en est-il donc de la rémunération ? C'est ce que je vous propose de découvrir dans le prochain chapitre consacré à l'argent.

Chapitre 12
le tarot de Marseille et l'argent

Plongeons-nous maintenant dans l'univers impitoyable de la finance, dans ce monde où les marchés financiers règnent en maître et où l'argent est roi.

A. Dans le milieu de la finance, LE DIABLE et LA JUSTICE sont les deux arcanes emblématiques de l'argent et des transactions financières.

LE DIABLE : en matière de fiscalité, l'arcane indique d'emblée les opérations financières de tout ordre, et notamment l'argent provenant de transactions ou de négociations financières. Notre Belzébuth est un peu le trader du tarot de Marseille : épris de pouvoir, celui-ci a le goût des affaires et est très sensible à l'appât du gain, raison pour laquelle sa présence dans un tirage de tarot matérialise les hauts revenus et, par extension, toutes les sommes d'argent conséquentes, quand bien même issues d'activités frauduleuses ou de l'évasion fiscale. Enfin, il représente les régimes fiscaux et le Trésor public (notamment auprès de la Roue de Fortune).

LA JUSTICE : l'arcane matérialise principalement l'argent issu de son labeur, gagné à la sueur de son front. En l'espèce, Dame Justice symbolise les salaires et les fiches de paie. Elle matérialise aussi toutes les aides de l'État (Revenu minimal d'insertion, etc.). Elle représente fréquemment la signature de contrats ou d'actes desquels peuvent découler de l'argent sonnant et trébuchant. Enfin, à l'instar des deux plateaux de la balance qui soupèsent les denrées afin d'en fixer le prix, la Justice retranscrit les prix à la consommation, les cotisations, les émoluments, les charges de tout horizon. Comme l'iconographie le suggère, Dame Justice tient les comptes.

B. Analysons désormais les autres lames du tarot de Marseille qui expriment un concept d'argent, à savoir :

LE SOLEIL : sa brillance et son éclat matérialisent l'or, c'est pourquoi on l'associe aux établissements bancaires. Il représente également le numéraire et les liquidités.

LA ROUE DE FORTUNE : lorsqu'elle est bien entourée, la présence de cette Roue dans un tirage sur l'argent est de bon augure puisqu'elle annonce indifféremment une augmentation, un bonus, une prime d'intéressement ou de participation, des bénéfices, une commission sur des ventes, des indemnités kilométriques ainsi que les subsides d'un procès et les placements en bourse lucratifs. Précisons que cette lame de tarot représente les crédits, les prêts et les taux d'intérêt auxquels ces derniers sont assujettis. Enfin, symbolique de la roue oblige, elle matérialise les jeux de hasard tels que la Loterie nationale. Mal entourée, elle évoque davantage des appels de fonds ou des charges (notamment au côté de dame Justice).

LA MAISON-DIEU : cette lame du tarot de Marseille matérialise uniquement l'argent issu de l'immobilier, et notamment de la de la gestion locative. En l'espèce, cette tour symbolise un immeuble de rapport.

LA LUNE : si cet arcane est emblématique de l'immobilier quand il s'agit de ventes et d'achats, en matière d'argent il évoque d'abord les legs et les héritages en raison de ses liens étroits avec le foyer familial.

C. Intéressons-nous désormais à d'autres arcanes majeurs qui recèlent bien des surprises en matière d'argent :

LA PAPE : il représente un conseiller bancaire ou un courtier indépendant (notamment le binôme 5 + 10). On le consulte pour nous aider à effectuer un choix dans la jungle des produits financiers et autres offres commerciales.

LA PAPESSE : en dehors du fait que la Papesse représente un personnage féminin telle qu'une directrice d'agence, son manuscrit matérialise surtout un dossier de prêt à l'étude, voire la constitution d'un montage financier et, plus généralement, tout type de support papier tels que les chéquiers et les billets de banque.

L'ARCANE SANS NOM : l'arcane symbolise les dettes, les contentieux et les procédures de recouvrement, etc., mais aussi les interdits bancaires ou les chèques rejetés par votre banque. En positif, la scène qui évoque un sinistre, et notamment un incendie, retranscrit parfois une indemnisation de votre assurance.

L'HERMITE : sa présence dans un tirage de tarot sur les finances augure toujours d'une baisse de revenus et d'une forme de paupérisation. Il annonce une période d'austérité et de frugalité, un ralentissement financier. Il évoque une perte de moyens et du niveau de vie. Ce vieillard matérialise aussi les petites retraites et la précarité.

LA FORCE : elle surgit dans un jeu lorsque vous dégagez des excédents ou des bénéfices. Elle signale aussi une hausse d'activité ou de salaire.

L'EMPEREUR : notre monarque incarne les biens et les possessions matérielles. Bien entouré, il augure d'un train de vie confortable, d'une bonne assise socioprofessionnelle. L'empereur matérialise la stabilité et la sécurité de l'emploi.

Nous voici parvenus au terme de ce chapitre sur la finance. Il est temps maintenant de mettre le cap sur un secteur en lien étroit avec l'argent, celui de la justice des hommes.

Chapitre 13
le tarot de Marseille et la justice

Réputé complexe et difficile d'accès, notre système judiciaire croule sous les affaires juridiques de tout ordre. Arrêtons-nous donc sur les notions fondamentales qui le régissent en brossant un portrait croisé de la justice et de la police sous le prisme du tarot de Marseille.

A. En matière de justice et de justiciable, LE JUGEMENT et LA JUSTICE sont les deux arcanes les plus emblématiques de la justice des hommes.

LE JUGEMENT : arcane d'oralité et de communication par excellence, le Jugement rend son verdict. La trompette symbolise la prise de parole, chaque partie exprime son point de vue, la parole se libère. Transposé dans la sphère juridique, ce Jugement matérialise autant le plaidoyer d'un ténor du barreau que les réquisitions du parquet ou le verdict rendu par le président d'audience. On est dans le dénouement du procès, bon ou mauvais. Allégorie du jugement dernier qui nous relie directement au Tout-Puissant, lui seul habilité à juger nos actions terrestres une fois passés de vie à trépas, cet arcane apporte une dimension sacrale aux messages de l'ange tutélaire, et par capillarité à la parole donnée. Il renforce le caractère solennel du fait de prêter serment et de s'engager à dire toute la vérité.

LA JUSTICE : elle évoque essentiellement la partie préparatoire et analytique du procès, les courriers, les documents et les actes officiels, les points de droit qui seront débattus en audience et soumis à l'appréciation souveraine du juge d'instruction ou du président d'audience en charge de l'affaire. La Justice incarne le caractère étatique et institutionnel du système judiciaire ; elle regroupe en son sein tous les bâtiments administratifs ainsi que les différents ministères dont elle dépend.

Important. Il existe une différence fondamentale entre les deux arcanes qu'il faut connaître pour éviter les amalgames. La Justice parle de l'appareil judiciaire en tant qu'institution. Elle est majoritairement faite d'actes écrits alors que le Jugement parle de rendre la justice, de son verdict ; il se situe principalement dans la rhétorique et le verbal.

B. Interprétons désormais quelques notions juridiques afin de nous aider dans la lecture des tirages de tarot.

LE PAPE/LA PAPESSE : ils incarnent les magistrats, les hauts dignitaires de la justice, les professionnels et les techniciens du droit qui ont acquis de l'ancienneté à leur poste (notamment aux abords du Jugement et de la Justice). Ils représentent aussi des avocat(e)s d'âge mûr. Le Pape symbolise enfin les conciliations et l'ouverture de débats visant à trouver un compromis.

L'EMPEREUR/L'IMPÉRATRICE : ils représentent les avocat(e)s ou les avoué(e)s (surtout auprès du Jugement et de la Justice). Généralement des quadras. L'Impératrice, qui est dotée d'aptitudes rédactionnelles, matérialise aussi les écrits administratifs et les courriers officiels. Combinée au Jugement, elle évoque un courrier juridique rédigé par une avocate.

LA JUSTICE : elle incarne d'abord un concept générique de justice au sens où nous l'entendons communément, en tant que procès. Elle relate surtout les affaires au civil, telles que les divorces...

L'ARCANE SANS NOM : il définit principalement les affaires au pénal couvrant autant les délits mineurs que les homicides volontaires. À l'image d'un guerrier qui part au front, cette mal-aimée du tarot de Marseille représente une « déclaration de guerre » en bonne et due forme : transposée dans la sphère juridique, sa présence matérialise une assignation à toutes fins ou une mise en demeure délivrée par voie d'huissier. En cas de verdict dans un procès, sa présence augure du fait d'être débouté de ses requêtes, d'une décision de non-lieu, d'une prescription. Elle représente très souvent une condamnation et un jugement exécutoire. Notre faucheuse, dont le rapport à la mort fait tressaillir quiconque la découvre pour la première fois, la lie intimement à la profession de notaire, surtout au contact de La Lune qui évoque les héritages et les biens immobiliers. Enfin, son caractère expéditif et agressif incarne volontiers les huissiers de justice préposés aux expulsions ou les mandataires judiciaires chargés des ventes aux enchères.

TEMPÉRANCE : la douceur émanant de cet arcane évoque spontanément la médiation. Sa présence dans un tirage de tarot relatif à un procès suggère de trouver un arrangement amiable pour le bien de tous. (cf. Le Pape)

LE DIABLE : il incarne les avocats fiscalistes ainsi que la brigade financière. Sa présence souligne souvent un redressement ou un contrôle fiscal, et par extension l'existence de malversations financières. Accouplé à la Justice, le Diable matérialise aussi les conseils prud'homaux.

LE SOLEIL : arcane emblématique de la famille, cette lame du tarot de Marseille matérialise le juge aux affaires familiales chargé de statuer principalement dans des conflits relatifs aux gardes d'enfants et aux pensions alimentaires.... Il incarne aussi un protocole d'accord entre les parties signataires dans le cadre d'un procès, notamment auprès de dame Justice.

LA MAISON-DIEU : cette tour, dont le créneau s'effondre, représente un coup de théâtre, une remise en cause de dernière minute. En l'espèce, elle matérialise un pourvoi en cassation. Il est question de « détruire », et donc de démolir le jugement en appel.

LE PENDU : le personnage apparaît les mains dans le dos, comme attaché par des liens de contention ou des menottes. Cet immobilisme imposé par les circonstances évoque une garde à vue et, accessoirement, une peine de prison. Cet arcane matérialise les condamnations et les peines qui nous sont affligées. L'iconographie renvoie à l'image de l'échafaud et des condamnés vilipendés ou pendus sur la place publique, notamment pendant la Révolution. Avec le Pendu, on entre de plain-pied dans l'univers carcéral et les contraintes de l'enfermement.

LE MAT : incarnant un principe de continuité, la lame symbolise principalement un renvoi ou un report d'audience, un « après ». Sa présence matérialise tantôt un délibéré tantôt le fait d'interjeter appel.

Remarque. Avant de clore cette rubrique sur la justice et les procédures juridiques, permettez-moi de vous remémorer les binômes suivants : 18 + 8 = un cabinet d'avocats, une étude notariée ou une faculté de droit et le 18 + 20 = un tribunal.

C. Revêtons un instant l'uniforme du gendarme ou du policier, et plongeons maintenant dans l'univers des forces de l'ordre, un corps de métier trop souvent décrié et pourtant très méritant :

LA FORCE : arcane emblématique des forces de l'ordre, cette carte du tarot de Marseille représente autant les gendarmes que les policiers, tous grades confondus (surtout aux abords de la Justice). La scène de domptage évoque clairement une reprise en main, un redressement.

L'ARCANE SANS NOM : notre squelette symbolise indifféremment les CRS, les brigades d'intervention spéciales ainsi que les forces d'élite, à l'instar du RAID, et du GIGN. Notons que cet arcane matérialise aussi les militaires (il en est son arcane emblématique, ce que nous aborderons dans un chapitre ultérieur).

LE DIABLE : il incarne tout d'abord la préfecture de police, notamment aux abords de dame Justice. Le Diable évoque les forces de l'ordre en tant qu'appareil répressif. Les liens auxquels sont attachés les deux diablotins, à l'image de notre Pendu dont les mains dans le dos rappellent les menottes, sont un clin d'œil aux liens de contention dont font usage les policiers dans le cadre d'intervention musclée. Cet arcane est intéressant en ce sens qu'il renvoie à la dialectique du maître et de l'esclave et en l'occurrence du policier et du malfrat.

LA MAISON-DIEU : elle symbolise le commissariat, les lieux de répression et d'enfermement. Le côté « explosif » de la scène est évocateur de violence, de règlements de comptes, de passage à tabac et de soudaines prises de conscience.

LE CHARIOT : il retranscrit une estafette, le cliché traditionnel du « panier à salade », une patrouille, une brigade d'intervention, les motards

L'HERMITE : sa lanterne symbolise une quête, le fait de vouloir « faire la lumière », en l'occurrence une investigation ou une enquête préliminaire.

LE JUGEMENT : il matérialise une audition dans le cadre d'une instruction, d'un interrogatoire. Le Jugement renvoie aussi à la cybercriminalité.

L'AMOUREUX : il symbolise les équipes, les factions, les patrouilles.

LA PAPESSE : d'une attitude passive, comme plongée dans ses réflexions, la Papesse semble toute ouïe, dans une position d'écoute attentive, ouverte aux confessions. Transposée dans le cadre d'une enquête judiciaire, elle matérialise principalement les révélations ainsi que tous les témoignages écrits. Enfin, son manuscrit fait office de récépissé de dépôt de plainte ou de main courante.

LA LUNE : son clair-obscur évoque une situation nébuleuse : sa présence augure de propos fallacieux ou mensongers, de rétention d'information, de faux témoignages, de rumeurs.

- **Explorons la nature des délits pour lesquels les forces de l'ordre entrent en scène, à savoir :**

LE BATELEUR : notre saltimbanque caractérise les délits mineurs, tels que les larcins et les vols à l'étalage.

LE CHARIOT : le char fait référence aux infractions du code de la route et aux délits routiers.

LE DIABLE : en raison de son caractère vénal, il matérialise les fraudes et les arnaques de toute catégorie, comme l'abus de faiblesse, l'escroquerie en bande organisée, l'usurpation d'identité... Le Diable, dont le style fait écho à un caïd de cité ou à un dealer de drogue sans foi ni loi, trempe le plus souvent dans les affaires de stups. Ses organes génitaux et son caractère hermaphrodite le relient également aux affaires de mœurs et de prostitution. Enfin, il représente les actes de vandalisme, les agressions physiques, les rixes et les blessures par arme blanche (surtout au contact de l'Arcane Sans Nom). Retenons également que l'arcane symbolise volontiers les exactions et les délits commis sur fond de manipulation mentale.

LA MAISON-DIEU : l'iconographie de cette forteresse en décrépitude symbolise autant les effractions et les cambriolages (surtout auprès de l'Arcane Sans Nom) que des délits beaucoup plus graves, tels que des actes terroristes, des attentats à la bombe... La violence qui émane de cet édifice frappé par la foudre fait écho aux coups et blessures entraînant une incapacité de travail.

LA FORCE : elle représente la violence physique, l'intimidation et le viol (conjugal ou non).

L'ARCANE SANS NOM : il couvre d'abord tous les homicides volontaires et nous envoie directement devant les assises. Les corps calcinés qui jonchent le sol symbolisent les incendies volontaires et meurtriers.

Vu que la justice est directement rattachée au monde politique, je vous propose donc de consulter les donneurs d'ordre, les tout-puissants de ce pays dans le prochain chapitre.

Chapitre 14

le tarot de Marseille et la politique

Voici arrivé un chapitre qui fera couler beaucoup d'encre, car il y a autant d'opinions politiques que de gens sur la planète Terre. Ce chapitre se veut neutre et n'est pas un plébiscite pour tel ou tel parti politique. Je vous propose juste de parcourir le paysage politique français sous le prisme du tarot de Marseille et de son iconographie.

A. Dans l'arène politique, c'est LE DIABLE qui officie en tant qu'arcane emblématique.

LE DIABLE : notre Belzébuth caricature la classe politique dans son ensemble, tous partis confondus, ainsi que les membres du gouvernement en exercice. Le personnage du Diable incarne surtout un principe de véhémence et de virulence, à l'instar des coups portés à l'occasion des campagnes politiques. Tout entier animé par des velléités de pouvoir doublée d'une soif insatiable de reconnaissance sociale, il slalome entre la gestion des finances publiques et les affaires de corruption. Son appétence sans borne pour le pouvoir n'a d'égal que son besoin de domination, à l'image des deux diablotins qu'il prend plaisir à soumettre et à exhiber tels de vulgaires chiens tenus en laisse. Fier, menaçant, campé sur son estrade, comme sur un podium, il donne l'impression de haranguer les foules à la manière d'un agitateur public ou d'un homme politique à sa tribune. Il tient à se hisser en haut de l'affiche, à rester sur le devant de la scène, quitte à recourir à des méthodes avilissantes relevant d'un autre âge.

B. Voici maintenant une présentation succincte des principaux partis politiques français grâce à la symbolique du tarot de Marseille.

LE SOLEIL : il matérialise le PS. Cet arcane représente la cohésion sociale ainsi qu'un principe de solidarité et de partage en adéquation avec ce parti de gauche. Carte emblématique de la famille, le Soleil privilégie donc l'entraide sociale et les aides familiales à l'instar des allocations et des minima sociaux.

LE DIABLE : il représente Les Républicains. Il symbolise une politique offensive axée sur l'entreprenariat. Il incarne les investisseurs et le patronat, des valeurs chères à ce parti de droite.

LE PENDU : il représente EELV. Cette lame du tarot matérialise l'écologie et les normes environnementales ; la prédominance de la couleur verte renvoie au parti des Verts et des Écologistes.

L'ARCANE SANS NOM : il représente tantôt le FN, tantôt le FG, seuls partis à s'identifier comme « un front », un clin d'œil à notre faucheuse qui semble être sur un champ de bataille, comme partie au front. Cette métaphore guerrière liée à son iconographie fait écho à la politique de la terre brûlée, et donc aux partis des extrêmes, fussent-ils de droite ou de gauche.

L'AMOUREUX : il représente le PC. La prédominance de la couleur rouge renvoie directement au parti communiste. En lien avec la cheville ouvrière, l'Amoureux regroupe les syndicalistes de tout horizon, à l'image du parti communiste qui réunit une mosaïque de syndicalistes lors de ses états-majors.

C. Voici maintenant un tour d'horizon des membres du Gouvernement et des représentants du pouvoir politique.

LA PAPE/LA PAPESSE : au niveau national, il représente le président de la République, et par capillarité tous les chefs d'État en exercice. À un degré moindre, il ou elle symbolise un (e) maire (esse).

L'EMPEREUR/L'IMPÉRATRICE : voici le chef d'orchestre du Gouvernement, à savoir : le Premier ministre. L'Empereur ou l'Impératrice portent des armoiries symbolisant l'emblème du pouvoir, et en l'occurrence le cabinet ministériel et les représentant de l'État. Au niveau local, il ou elle représente un(e) adjoint (e) au maire, mais aussi tous les fonctionnaires et les administrateurs de l'État.

LE MONDE : il représente à lui seul le ministre des Affaires étrangères en raison de ses liens avec la communauté internationale et le reste du monde, ainsi que les grandes organisations internationales telles que l'ONU, l'OTAN, le Parlement européen… Cependant, cet arcane englobe un concept bien plus large : arcane de prestige et de mondanité, la mandorle placée en son centre fait écho à un cercle privé, à un cénacle, et en l'occurrence à l'Hémicycle, au Sénat, à l'Assemblée nationale. Hormis le ministère aux Affaires étrangères qu'il incarne pleinement à lui seul, cet arcane du tarot de Marseille représente tous les ministères d'une façon générique. C'est son association avec un autre arcane qui permet de révéler la nature du ministère dont il s'agit. Ainsi, le binôme 21 + 19 reflète le ministère de la Jeunesse et des Sports, le binôme 21 + 12 le ministère de la Santé. L'arcane 21 se colore au contact de son voisin. Fort de ce constat, regardons donc les principaux ministres qui composent le gouvernement, à savoir :

LA PAPESSE : elle représente le ministre de l'Éducation nationale du fait qu'elle symbolise un principe d'enseignement et d'apprentissage scolaire.

LE CHARIOT : il représente principalement le ministre des Transports en raison du descriptif de l'arcane qui met en scène un principe de motricité incarné par le char sur lequel est juché notre cavalier.

LA JUSTICE : cet arcane du tarot de Marseille représente le ministre de la Justice. Matérialisant les actes officiels, il symbolise les décrets, les lois et les amendements, ceux-là mêmes qui seront débattus puis promulgués à l'Assemblée nationale.

LE PENDU : il porte une double casquette. Selon le contexte, il représente tantôt le ministre de la Santé tantôt le ministre de l'Écologie et du Développement durable.

L'ARCANE SANS NOM : il porte une double casquette. Selon le contexte, il représente tantôt le ministre de la Défense du fait de son iconographie guerrière, qui renvoie aux forces armées, tantôt le ministre de l'Agriculture pour l'esprit du terroir qui se dégage de ce personnage matérialisant autant la faux d'un paysan qu'une moissonneuse-batteuse.

TEMPÉRANCE : elle représente le ministre du Tourisme. Le besoin d'évasion et de détente spécifique à cet arcane du tarot invite aux vacances et au farniente. Son iconographie évoque les voyages aériens et, en l'occurrence, l'univers des agences de voyages et des professionnels du tourisme.

LE DIABLE : Il porte lui aussi une double casquette. Selon le contexte, notre Belzébuth représente tantôt le ministre de l'Intérieur chaperonnant les préfectures de police et la gendarmerie nationale, tantôt le ministre des Finances pour son rapport emblématique à l'argent.

LA MAISON-DIEU : il représente le ministre du Logement et, par capillarité, la construction de logements sociaux, les HLM...

L'ÉTOILE : elle représente le ministre de la Culture pour ses liens étroits avec les arts et les événements culturels.

LE SOLEIL : il représente le ministre de la Jeunesse et des Sports.

D. Observons maintenant les élections sous le prisme des arcanes suivants :

LA PAPESSE : son livre renvoie à ce petit fascicule que l'on reçoit par la poste avant les élections et qui contient le détail du programme des candidats. Ce support papier évoque aussi le bulletin de vote et les tracts et autres affiches publicitaires liées aux campagnes politiques.

L'AMOUREUX : il indique un duel très serré entre deux candidats au coude à coude.

LE SOLEIL : il regroupe les accords, et notamment les alliances politiques visant à remporter l'élection au second tour.

LE JUGEMENT : il représente l'annonce des résultats à une élection. Carte de communication, il évoque les tribuns, les orateurs. Auprès du Diable, il parlera d'un meeting politique, d'un rassemblement ou des états-majors de tel ou tel parti politique.

LA JUSTICE : voici les résultats officiels, les pourcentages qui donnent tel ou tel vainqueur à l'élection.

Si nos politiques sont sans cesse en train de se quereller au niveau national, le président de la République n'en demeure pas moins le seul maître à bord, seul habilité à pouvoir déclarer la guerre à d'autres États souverains.

Chapitre 15
le tarot de Marseille et la guerre

Vu le nombre de guerres que l'humanité a déjà égrenées au fil du temps, celles-ci ne cessant de croître en intensité, l'adage selon lequel « l'homme est un loup pour l'homme » fait force de sens, si bien qu'il me semblait important d'aborder ce sujet sous le prisme du tarot de Marseille.

A. L'arcane emblématique le plus représentatif de la guerre demeure sans conteste L'ARCANE SANS NOM.

L'ARCANE SANS NOM : la faucheuse incarne les militaires et les soldats y compris les légionnaires. Le sol parsemé de têtes décapitées et d'ossements humains sur lequel elle évolue est digne d'une guerre de tranchée, d'un champ de bataille, d'un front. Son attitude évoque une attaque, un assaut, une charge ; elle pratique la politique de la terre brûlée. La noirceur de l'arcane évoque à elle seule un climat délétère, hostile, un paysage de désolation. La scène tout entière fait écho à la terreur d'Attila qui régna sous l'Empire ottoman, et qui, dans une frénésie de conquête territoriale, rasait tout sur son passage. Ce parallélisme renvoie aussi aux fanatiques et aux extrémistes qui gangrènent notre société contemporaine à l'instar des horreurs perpétrées par les djihadistes. La faux qu'elle manie renvoie directement aux armes ; elle matérialise autant une baïonnette qu'un fusil d'assaut... Elle renvoie aux artilleurs, aux fantassins, aux Poilus de la guerre 14-18 qui combattaient dans les tranchées. Ces têtes couronnées qui jonchent le sol caricaturent la fin d'un règne, le fait que les puissants de ce monde ne sont pas faillibles et demeurent mortels au même titre que les autres. L'Arcane Sans Nom symbolise les atrocités et les affres de la guerre, à l'instar des charniers et des génocides et autres abominations.

B. Voici désormais un florilège d'arcanes dont la sémantique guerrière exprime une situation pénible voire potentiellement dangereuse.

LA MAISON-DIEU : elle évoque des événements abrupts, soudains, comme cette foudre qui vient ravager les créneaux de notre tourelle. La scène fait penser à une forteresse assiégée, à la prise de la Bastille, à un coup d'État ou encore à une mutinerie. À l'effet de surprise qui émane de cette lame du tarot de Marseille s'ajoute fréquemment une violence inouïe. On l'associe communément à des actes terroristes, à des attentats à la bombe.

LE DIABLE : son agressivité et son caractère belliqueux font écho aux kamikazes et aux combattants. Le Diable veut en découdre ; il se montre menaçant dans la manière dont il brandit son épée. C'est un dominateur, un esclavagiste qui aspire à assujettir quiconque se dresse sur son chemin.

LE PENDU : il matérialise le bagne, et donc tous les prisonniers et les condamnés. Le lien au pied de notre Pendu renvoie au cliché du boulet que traînent les prisonniers, et par extension aux bâillons, aux liens de contention et aux actes de torture. En effet, la scène évoque un supplice, un châtiment, une punition et, en l'occurrence, un écartèlement.

C. Qu'en est-il de la période post-conflit ? Regardons les arcanes qui parlent de paix et de fraternité.

LE SOLEIL : lame d'amour fraternel et de réconciliation, sa présence dans un tirage portant sur une situation de crise est de très bon augure. L'arcane matérialise une main tendue et annonce, en l'espèce, la fin des hostilités : on laisse les armes à terre et on fait la paix.

LE PAPE : carte de conciliation, cette figure papale invite au conciliabule, à parlementer. Sa présence pacifique évoque sinon une trêve dans un conflit au moins l'instauration d'un dialogue constructif.

LA JUSTICE : elle représente la signature d'un traité et de l'armistice. Elle officialise la fin des hostilités.

L'HERMITE : il caricature les anciens combattants, les vétérans de la guerre.

LE MONDE : il symbolise les commémorations et fait écho aux grandes fêtes nationales qui perpétuent la mémoire des soldats tombés au front pendant la guerre.

La guerre fait malheureusement partie des atrocités commises par des hommes contre des hommes depuis des temps immémoriaux. Si ces crimes contre l'humanité peuvent parfois être évités, en revanche il existe d'autres tragédies plus pernicieuses et toutes autant douloureuses que nous traversons tous dans notre vie terrestre, ce qui est justement l'objet du prochain chapitre.

Chapitre 16
le tarot de Marseille et les tragédies

Ce chapitre lève le voile sur les drames qui nous frappent tous un jour ou l'autre. Cette rubrique offre un échantillon représentatif d'arcanes majeurs qui nous plonge dans les ténèbres du « tragique ».

A. En matière de tragédies, L'ARCANE SANS NOM et LA MAISON-DIEU sont les deux arcanes emblématiques des situations funestes.

L'ARCANE SANS NOM : notre squelette caractérise une situation nocive et potentiellement létale. Il présage de drames que l'on subit et pour lesquels on n'est pas toujours préparé. L'iconographie représente principalement les obsèques, le deuil et le chagrin qui entourent le décès d'un proche. Notre fossoyeur matérialise autant une inhumation qu'une crémation. Cet arcane évoque la mort dans son ensemble, matérialisant autant un homicide volontaire qu'un suicide ou une pandémie. Selon les lames environnantes, sa présence dans un tirage sur la maladie augure parfois d'un cancer. À moindre échelle, il annonce un licenciement ou une séparation douloureuse au niveau affectif. Cette épée de Damoclès sonne le glas d'une situation devenue impossible à gérer ; elle fait table rase d'une tranche de vie, nous ouvrant alors très souvent les portes d'une renaissance.

Remarque. Le binôme 21 + 13 évoque un enterrement, on célèbre (21) la mort (13).

LA MAISON-DIEU : allégorie de la tour de Babel et de cette folie des grandeurs qui caractérise l'espèce humaine, cette construction majestueuse, dont le sommet s'effondre, matérialise une mise en garde contre la disproportion, un avertissement divin, une prise de conscience fulgurante nous obligeant à intégrer les lois du cosmos. Cet édifice étêté par la foudre évoque une chute fatale, un dangereux accident, un coup du sort tragique. Il n'est pas sans rappeler des catastrophes telles que les séismes et les tornades, des manifestations naturelles remémorant aux mortels que seule la Nature est souveraine. L'iconographie imite la tragédie du 11 septembre à New York, avec ces deux tours jumelles qui atteignaient les cieux et qui, suite aux attentats terroristes, s'écroulèrent tels de vulgaires châteaux de cartes.

B. Prenons le temps de répertorier les principales causes de la mort, qu'elles soient volontaires ou accidentelles.

LE CHARIOT/LA ROUE DE FORTUNE : ces deux arcanes évoquent respectivement les automobiles et la circulation. Transposés dans ce contexte autoroutier, et **seulement** si l'une de ces deux lames du tarot se situe aux abords de la Maison-Dieu et de l'Arcane Sans Nom, ils matérialisent alors les décès liés aux accidents de la route.

LE PENDU : l'image ainsi que le nom de l'arcane parlent d'eux-mêmes. Il s'agit d'une mort par pendaison. Inutile d'épiloguer, il suffit de contempler notre Pendu.

L'ARCANE SANS NOM : l'iconographie fait état d'un sol calciné jonché de pieds et de mains, ce paysage de désolation, comme carbonisé ou ravagé par un incendie évoque de facto les décès causés par le feu et les fumées toxiques. En outre, l'image de ce squelette décharné, « la peau sur les os », fait tristement écho aux grandes pandémies telles que le HIV, le choléra ou l'Ebola qui déciment encore des populations entières.

LE DIABLE : l'arcane matérialise principalement les décès par overdose médicamenteuse ou l'utilisation fatale de substances illicites telle que la prise excessive de drogue. Dans certains cas, il décrit un homicide volontaire par arme blanche : en effet, potentiellement dangereuse, l'épée que brandit notre diable de la main gauche symbolise autant un poignard, une dague, qu'un sabre...

LA MAISON-DIEU : le personnage central qui est précipité dans le vide retranscrit une chute fatale, mais aussi une défenestration.

LA LUNE : l'arcane matérialise les mers et les océans et, en l'espèce, la mort par noyade ou par hypothermie.

LE SOLEIL : l'arcane qui nous darde de ses rayons matérialise la chaleur et les brûlures, il évoque un incendie à l'instar de l'Arcane Sans Nom, mais aussi une immolation par le feu.

LE JUGEMENT : la trompette avec laquelle notre ange tutélaire s'époumone matérialise le souffle. En l'espèce, il s'agit d'une mort par asphyxie ou par strangulation.

Afin de faire face à ces drames humains, il arrive que nous nous réfugiions dans la prière et la religion, cherchant alors la lumière et la miséricorde afin d'alléger nos souffrances terrestres.

Chapitre 17
le tarot de Marseille et la religion

Ce chapitre aborde un thème fort intéressant que l'on ne peut passer sous silence tant la croyance religieuse et les textes sacrés sont devenus sujets à polémique. Le tarot de Marseille est émaillé de signes religieux et nous livre, au travers de ses arcanes majeurs, les clés d'une meilleure compréhension des us et des coutumes de tout un chacun.

A. Le PAPE et la PAPESSE sont les arcanes emblématiques des deux religions les plus pratiquées dans le monde, à savoir :

LE PAPE : l'arcane représentant le souverain pontife coiffé d'un trirègne fait directement écho au christianisme et à la religion chrétienne. Renfermant toutefois un système de valeurs œcuméniques en son sein, notre Pape obéit principalement à des doctrines spirituelles et à un idéal chrétien. Les deux fidèles venus se prosterner à ses pieds renvoient aux traditions romaines, un clin d'œil aux foules venues écouter le Pape au Vatican depuis la place Saint-Pierre. Les deux quidams présents à l'image semblent recevoir l'extrême-onction. Son œuvre se situe essentiellement au niveau spirituel. Sa foi chrétienne se retrouve matérialisée au travers de sa tiare formée de trois couronnes superposées et de son trident, deux symboles rattachés à la Trinité. Ses mains sont toutes deux frappées de petites croix noires qui expriment clairement son appartenance à l'Église catholique.

Remarque. Dans un tirage de tarot, le Pape symbolise le mariage, que vous soyez chrétien, musulman ou juif ! Il prêche la bonne parole et fait autant office de rabbin que d'imam.

LA PAPESSE : elle est le seul arcane du tarot de Marseille à faire référence à la religion musulmane d'une façon aussi manifeste, et notamment en raison de sa tenue vestimentaire suggérant le port du voile intégral ou de la burqa. Si elle ressemble également à une bonne sœur, la présence du voile revêt d'abord une connotation religieuse directement liée à l'islam et au Coran. Sa tiare, qui sort du cadre de la carte, confère à notre Papesse un haut degré de spiritualité. Le manuscrit qui ressemble à un papyrus rappelle les textes sacrés, anciens, à l'instar des écrits bibliques, des versets coraniques, des commandements de la Torah. Ce manuscrit est le grand livre de la Connaissance. Il est universel, il renferme tous les secrets de l'humanité...

Remarque. Dans un tirage évoquant l'appartenance religieuse, la présence du binôme 4 + 2 représente un homme (4) de confession musulmane (2), le binôme 3 + 2 matérialise une jeune femme (3) musulmane (2)... Par expérience, j'ai pu constater que la Papesse renvoie quasi systématiquement à la religion musulmane.

B. Regardons ensemble la symbolique religieuse attachée à certains arcanes majeurs.

LE MONDE : symbole d'universalité et de valeurs républicaines, cet arcane majeur reprend à lui seul le principe de laïcité ; il incarne le sécularisme, la distinction entre l'État et la religion, la tolérance et la cohabitation des diversités religieuses au nom de la République. Il englobe aussi l'athéisme.

LA MAISON-DIEU : allégorie chrétienne par excellence, son nom prêche pour sa paroisse, et en l'occurrence pour « la maison de dieu ». L'arcane renferme une forte connotation religieuse et reflète les édifices sacrés tels que les églises et les cathédrales. Le rattacher exclusivement au christianisme serait trop simplet étant donné que la forme des créneaux qui s'écroulent sous l'impact de la foudre est identique à ceux des minarets, faisant ainsi écho aux salles de prières musulmanes, et en l'espèce, aux mosquées. La Maison-Dieu est donc un temple, un lieu de culte à part entière. Elle est ouverte à tous les hommes quelles que soient leurs origines et leurs croyances. C'est la maison de Dieu, au sens universel du terme.

LE JUGEMENT : la symbolique sous-jacente à cet arcane du tarot de Marseille renvoie instamment au Jugement dernier, au jour de la Résurrection. On distingue un tombeau, ou un caveau en bas de l'image, celui-ci faisant automatiquement référence à la mort et au principe de la résurrection. On retrouve ce concept du Jugement dernier sous des formes différentes dans toutes les religions monothéistes à l'instar du judaïsme, de l'islam et du catholicisme.

L'ÉTOILE : elle fait grandement référence au bouddhisme et à ses enseignements, à une philosophie zen axée sur la pratique régulière de la méditation, en totale harmonie avec la nature et les lois du cosmos, en vue d'atteindre « l'Éveil ». Sur l'image, notre jeune femme semble sereine, en parfait en osmose avec les éléments qui l'entourent.

LE PENDU : la similitude iconographique avec les yogis et leurs pratiques méditatives transcendantales le lie intimement à l'hindouisme. On y retrouve le lien avec l'au-delà et le principe du chamanisme.

LE DIABLE : à y regarder de plus près, on constate que le diable est circoncis, un petit détail qui revêt une importance capitale car, dès lors, il fait référence aux rites de la circoncision arabo-musulmane ou au judaïsme et à la « Brith Mila », qui pratiquent la circoncision dès la plus tendre enfance.

Attention. Le nom du diable renvoie aux forces du mal et aux portes de l'Enfer **au sens biblique** du terme. Sa présence dans un jeu de tarot sur l'appartenance religieuse ne doit pas être amalgamée avec cette sémantique démoniaque, sauf cas exceptionnel renvoyant à des actes criminels. Il matérialise néanmoins les sept péchés capitaux à lui seul.

L'ARCANE SANS NOM : dans ce contexte, notre faucheuse représente le fanatisme religieux, les extrémistes, les intégristes.

C. Attachons-nous maintenant à étudier les origines ethniques de tout un chacun, celles-ci étant parfois en corrélation avec le culte religieux auquel on appartient.

LE DIABLE : il incarne principalement les Asiatiques en raison de ses yeux bridés. Combiné à l'arcane du Monde, on obtient le continent (21) asiatique (15). À un degré moindre, l'arcane de l'Étoile et son graphisme aux allures de « jardin japonais » rappellent la culture nippone, et donc la partie de l'Asie orientale.

L'ARCANE SANS NOM : la couleur noire de l'arcane matérialise les populations subsahariennes. En dehors des Africains, elle symbolise aussi les Antillais et les métis.

LE SOLEIL : il représente les populations émanant des pays ensoleillés ou de l'hémisphère sud. Il symbolise donc autant le pourtour méditerranéen que l'Afrique du Sud.

LA LUNE : par antagonisme avec le Soleil, l'arcane représente volontiers les Inuits, les Eskimos et plus généralement tous les habitants peuplant les pays nordiques, le pôle Nord, l'Antarctique, les pays scandinaves.

S'il existe une thèse sur laquelle toutes les religions monothéistes s'accordent, c'est celle qui prétend que la nature et l'univers ont été créés à l'image de Dieu. Notre prochain chapitre se propose justement de découvrir la richesse et la beauté de nos paysages.

CHAPITRE 18

LE TAROT DE MARSEILLE ET LA NATURE

Ce chapitre révèle toute la beauté et la richesse de nos paysages et nous en offre un panorama très hétéroclite sous le prisme du tarot de Marseille.

A. EN MATIÈRE D'ENVIRONNEMENT ET D'ÉCOLOGIE, L'ÉTOILE DEMEURE L'ARCANE EMBLÉMATIQUE QUI ÉVOQUE AU MIEUX LA FLORE ET LES PAYSAGES DE NOTRE PLANÈTE.

L'ÉTOILE : la scène, digne d'un décor champêtre, dépeint le ruissellement d'un cours d'eau zigzaguant au milieu d'une nature luxuriante. Cette nature féconde, source de vie et de renouveau, fait penser à une « renaissance printanière ». Ce paysage de carte postale reflète en tout point une beauté naturelle et virginale, les éléments tels qu'ils ont été créés à l'origine du monde selon les lois de l'univers. Elle rappelle que l'humanité tout entière participe à cet équilibre cosmique et que l'homme est au centre de ce biotope, au même titre que les végétaux et les animaux. La jeune femme nue au centre de l'arcane fait écho à cette pureté originelle, incarnant un principe de fertilité. L'eau qui ruisselle et dont elle se sert renvoie au concept de femmes fontaines, considérées comme de véritables déesses dans l'Antiquité.

B. Voici maintenant les arcanes majeurs représentant les quatre éléments constitutifs de l'univers, à savoir :

LE SOLEIL : son graphisme représente l'élément Feu. Si le Soleil réchauffe en nous, dardant de ses rayons, il brûle aussi, étant parfois à l'origine de nombreux incendies de forêts.

LA LUNE : elle représente l'élément Eau. Ce point d'eau dans lequel gît une écrevisse symbolise les mers, les océans, les mares, les étangs, un puits.

L'ARCANE SANS NOM : il représente l'élément Terre. L'iconographie rappelle les activités agricoles intimement liées à la terre et aux champs. Ces sols cultivés produisent les moissons que notre squelette récolte ensuite, muni de sa faux.

LE JUGEMENT : il représente l'élément Air. La trompette avec laquelle l'ange tutélaire qui surgit des nuages semble s'époumoner évoque le souffle, celui du vent qui mugit. L'arcane symbolise l'atmosphère et l'air que l'on respire. Elle matérialise autant les courants d'air et la petite brise matinale qu'un vent violent ou un ouragan.

C. Étudions désormais les quatre saisons sous le prisme du tarot de Marseille.

LA LUNE : elle retranscrit la période hivernale. L'astre évoque principalement la nuit, mais aussi les jours qui raccourcissent ainsi que le froid. Il est en parfaite symbiose avec les pays scandinaves dans lesquels il fait nuit une bonne moitié de l'année.

L'ÉTOILE : elle annonce l'arrivée du printemps, cette période synonyme de renaissance pour la flore et la faune. Le cours d'eau sur l'image ruisselle abondamment, il fertilise et irrigue les sols qui se régénèrent et verdissent de nouveau. Cette nature luxuriante fait écho à la saison des pluies.

LE SOLEIL : il préside à la période estivale. Le rayonnement de ce beau soleil est un clin d'œil à la chaleur et aux longues journées d'été.

L'ARCANE SANS NOM : il représente l'automne. La faux évoque clairement les moissons, les récoltes et les vendanges, mêmes tardives, tous se déroulant en automne. Le graphisme symbolise un sol aride et morne, on doit balayer les feuilles mortes. À noter que la scène fait clairement référence à la Toussaint, à la fête des Morts qui, elle aussi, a lieu en période automnale.

D. L'iconographie des arcanes majeurs exprime aussi la diversité des paysages.

L'ÉTOILE : le fait que le cours d'eau traverse les terres fait écho aux fleuves, aux estuaires, aux rivières, y compris aux petits ruisseaux et aux ravines. L'Étoile renvoie aussi bien aux nappes phréatiques qu'à la source de laquelle jaillit ce bras d'eau. Elle évoque à elle seule le fait de se « ressourcer ».

LA MAISON-DIEU : l'édifice pharaonique de type gratte-ciel qui est dépeint sur l'arcane évoque spontanément l'altitude, l'élévation, une hauteur vertigineuse, et par conséquent tout ce qui s'élance vers le ciel. En l'occurrence, la Maison-Dieu matérialise une chaîne de montagnes, une crête, et par extension un terrain escarpé, pentu.

L'ARCANE SANS NOM : en lien avec les fouilles archéologiques et le fait de creuser les sols, l'Arcane Sans Nom, qui cultive un rapport intime à la terre, évoque les cavités de tous ordres, et en l'espèce les grottes, les sous-sols, les caves, les catacombes, les souterrains, toute forme d'abysse impliquant une idée de profondeur.

E. Intéressons-nous désormais à certaines notions météorologiques, à savoir :

LE SOLEIL : sa présence annonce sans surprise un grand beau temps, une journée chaude et ensoleillée, un ciel clair et dégagé.

LA LUNE : cette nébuleuse et son clair-obscur évoquent, sinon du brouillard, une légère brume matinale, un temps couvert et nuageux. Selon le contexte, cette « purée de pois » évoque aussi un niveau de pollution dans l'atmosphère. Elle incarne surtout un temps gris et pluvieux.

LE JUGEMENT : il matérialise un temps venteux, des rafales de vent, des bourrasques.

LA MAISON-DIEU : c'est l'indice d'un climat orageux ou d'une tempête. Les boules multicolores qui tombent du ciel font écho à de la grêle, à une averse, à des giboulées, à des chutes de neige... Une idée de « chute » filtre de cet arcane.

L'ARCANE SANS NOM : son action se situe au niveau du sol. En l'occurrence, il prévient de risques de verglas, d'une chaussée glissante (attention aux fractures !).

F. Comment s'exprime la nature quand elle se déchaîne et nous devient hostile ?

LA MAISON-DIEU : la foudre qui s'abat sur cette tour matérialise les orages, mais aussi les catastrophes naturelles, en l'occurrence les cataclysmes, les tornades et les séismes de forte magnitude. La ressemblance iconographique avec un volcan en éruption est frappante, les volutes multicolores qui jaillissent du toit de l'édifice font réellement penser aux éruptions de lave. Cette manière d'éructer fait aussi écho aux geysers.

L'ARCANE SANS NOM : la noirceur de l'arcane est semblable aux scories et au magma qui se forment dans le sillage des coulées de lave. L'image renvoie à une fournaise, à un brasier, et donc aux zones désertiques les plus hostiles de la planète. Ce sol parsemé d'ossements et de corps en morceaux évoque un endroit si aride que toute trace de vie y est exceptionnelle.

LE SOLEIL : il évoque la canicule et les chaleurs anormalement élevées ainsi que les effets du réchauffement climatique. Cette chaleur caniculaire se traduit par l'expression du personnage de gauche, qui a l'air de vaciller, de chanceler, comme s'il était victime d'un coup de chaleur sous le rayonnement de ce soleil au zénith.

LA LUNE : l'écrevisse qui gît sous la surface de l'eau symbolise l'univers maritime ainsi que le flux et le reflux des grandes marées. Dans ses aspects les plus sombres, cette lame de tarot représente les raz-de-marée, les crues, les inondations et les zones immergées.

G. Penchons-nous enfin sur l'univers et regardons lesquels de nos arcanes le décrivent au mieux.

LE MONDE : comme son nom l'indique, ce magnifique arcane représente l'univers à lui seul, et notamment le globe terrestre, un planisphère. Il distille un principe d'universalité, en lien étroit avec notre galaxie.

L'ÉTOILE : l'iconographie dépeint une voûte céleste, une mosaïque d'étoiles, chacune représentant une planète de notre galaxie. L'étoile symbolise l'étude des astres, le firmament, la voie lactée.

LA LUNE : comme son nom l'indique, l'arcane et son clair-obscur représentent l'astre de la nuit, la vie nocturne.

LE SOLEIL : il représente l'astre du jour, la vie diurne.

LE MAT : son style extraterrestre en fait un personnage fantastique, paranormal, un alien sorti de nulle part ; il incarne un principe de vie ailleurs, sur une autre galaxie, un autre mode de communication hors de nos frontières terrestres ; il est atemporel ; il ne porte aucun numéro ; il est inclassable ; il est le tout et le rien. Il est semblable à l'excuse dans le jeu de Tarot.

L'intérêt d'un paysage étant aussi sa faune, allons donc à la rencontre de tous ces animaux qui peuplent notre belle planète.

Chapitre 19
le tarot de Marseille et les animaux

Dans un pays où le nombre d'animaux de compagnie ne cesse de croître, il aurait été négligent de ma part de ne pas aborder ce sujet, tant la symbolique du tarot de Marseille regorge de références aux animaux sauvages et domestiques.

A. LE MONDE, LA FORCE et LA LUNE sont les trois arcanes les plus emblématiques de la faune et de sa diversité.

LE MONDE : cet arcane, qui retranscrit un concept d'universalité englobant l'humanité tout entière, n'a pas omis de représenter nos amis les bêtes. Celles-ci, coiffées d'auréoles pour deux d'entre elles, sont érigées en déité, au même titre que l'angelot placé en haut à gauche de l'arcane. Arcane de prestige et d'excellence, le bestiaire qui y est reproduit n'est pas le fruit du hasard. Ces animaux symbolisent le pouvoir et incarnent une forme de suprématie dans le règne animal, si bien que les humains les utilisent encore aujourd'hui au travers de divers sigles ou artifices du pouvoir en place. Ces trois émanations du pouvoir sont affublées de dons surnaturels dans la mythologie gréco-romaine. On distingue un lion en bas à droite, celui-ci étant associé au roi des animaux : synonyme de puissance et de grandeur, ce grand prédateur qui se trouve tout en haut de la chaîne alimentaire dans la savane incarne la chasse et la territorialité, deux concepts si chers aux empereurs et aux grands conquérants de ce monde. Allongé sur le sol, en bas à droite, et de profil, se trouve un taureau, une incarnation du courage et de la bravoure. Perché, en haut à droite de l'arcane, l'aigle, qui est « royal » par essence, est coiffé d'une auréole au même titre que le lion. Il fait penser à un busard, et notamment au pygargue à tête blanche, ce rapace devenu une figure emblématique du pouvoir et de la liberté, représentant la souveraineté de grandes puissances économiques à l'instar des États-Unis et de l'Allemagne.

LA FORCE : la scène, qui suggère l'usage de la force physique, souligne la supériorité de l'homme sur l'animal. Selon les versions du tarot de Marseille, la bête, dont la gueule est maintenue ouverte, représente tantôt un chien tel un leonberg, un mastodonte originaire de la région de Stuttgart en Allemagne, tantôt un lion. Si l'iconographie dans son ensemble dépeint une séance de dressage, elle nous renvoie surtout à notre propre animalité, nous invitant à « dompter » nos instincts sauvages et à conserver la maîtrise de nous-mêmes en toutes circonstances.

LA LUNE : en contemplant cet arcane nimbé de mystères, force est de constater que notre attention se porte automatiquement sur les deux canidés qui hurlent à la lune. Placés en vis-à-vis au centre de l'arcane, ils évoquent les animaux carnassiers, tels les loups et les chiens. Notons également que cette lame du tarot de Marseille porte une seconde casquette, puisqu'elle est la seule à représenter les animaux marins. En effet, l'écrevisse ou le homard qui apparaît en premier plan dans le bassin, tapi sous la surface de l'eau, incarne le monde des fonds marins ainsi que l'univers aquatique et océanique. Son iconographie symbolise autant les crustacés et les amphibiens que les poissons.

B. Observons désormais la symbolique animalière qui se dégage du tarot de Marseille.

LE MAT : selon les versions du tarot de Marseille, l'animal qui déchire les chausses de notre personnage représente tantôt un chat tantôt un chien. Dans le Camoin, on y distingue plutôt un animal de la famille des félidés, tel un serval, un lynx voire un chat sauvage. Cette scène de chasse retranscrit l'agressivité et l'instinct de prédation de l'animal. Le Mat matérialise les morsures et les griffures.

L'EMPEREUR/L'IMPÉRATRICE : le rapace de couleur noir, visible sur leurs armoiries, ressemble à l'aigle royal qui trône en haut à droite de l'arcane du Monde. Symbole de puissance et de prestige, ce rapace est l'expression de leur réussite sociale.

TEMPÉRANCE : nantie d'une paire d'ailes blanches à l'allure angélique soulignant le caractère éthéré de notre personnage, Tempérance caricature l'aérien, et en l'espèce les oiseaux. Déployant ses ailes comme pour s'envoler vers d'autres cieux, son action se situe dans les airs. Par conséquent, elle incarne ipso facto tous les volatiles.

L'ÉTOILE : contentons-nous de contempler l'oiseau noir perché à la cime de l'arbre en arrière-plan de la scène, celui-ci s'apparentant à un corbeau, à un freux ou à une corneille. Cette carte symbolise les ornithologues et l'observation des animaux dans leurs milieux naturels.

LE DIABLE : le personnage du diable est affublé d'une paire d'ailes de chauve-souris, suggérant que notre Belzébuth évolue la nuit, à l'instar de ce petit mammifère nocturne aux ailes membraneuses. Le diable revêt une forte connotation satanique dans la bible. Son personnage fait écho au comte Dracula, lui-même pourvu d'ailes de chauve-souris, soulignant ainsi le caractère néfaste et maléfique que les Occidentaux prêtent à la chauve-souris. Rappelons également que le vampire est une espèce de chauve-souris, en lien direct avec la symbolique rattachée aux « ténèbres ». Enfin, le personnage est muni de griffes acérées au même titre que ces mammifères nocturnes.

LE CHARIOT : la scène dépeint deux chevaux tirant un attelage sur lequel se dresse un jeune noble portant une couronne. L'arcane rappelle en tout point les courses de char de la Rome antique et renvoie aujourd'hui à l'univers des paris et des courses hippiques. Une dynamique guerrière en lien avec la mythologie grecque transpire de cette chevauchée. Notre « conquistador » et son attelage aux allures chevalines font écho aux centaures, à ces créatures mi-homme mi-cheval, les ancêtres des cavaliers, déployés dans des combats d'avant-garde.

LA ROUE DE FORTUNE : l'arcane figure des chimères, des espèces hybrides de couleurs différentes, comme si, à la lueur de nos connaissances actuelles, ces monstruosités étaient le fruit d'expériences génétiques malheureuses. La Roue De Fortune recense trois créatures humanoïdes aux portes du fantastique, mi-homme, mi-animal : l'un des trois personnages, à gauche de l'arcane, exhibe une tête de singe, un autre assis en face semble avoir des pieds palmés et une tête de chien, tandis qu'un autre encore, trônant tel un sphinx au sommet de la roue, est pourvu d'ailes de chauve-souris, à l'instar du Diable. Ils ont en commun d'arborer chacun une queue d'animal à l'extrémité fourchue. Ces créatures étranges aux frontières du grotesque symbolisent le fait que les hominidés demeurent avant tout des animaux, évolués certes, mais néanmoins des animaux ! Cette roue renvoie à la théorie de l'évolution de Darwin selon laquelle les espèces ont dû s'adapter à leur environnement et aux changements climatiques depuis la nuit des temps, et que seules les plus robustes y ont survécu. La symbolique de la roue imite le cycle immuable de la vie terrestre : on naît, on s'élève puis on meurt.

C. Quels arcanes majeurs caractérisent au mieux les professionnels du monde animal ?

LA LUNE : la présence des deux chiens en son centre et les bâtiments que l'on aperçoit en arrière-plan font écho à un chenil, à un élevage canin, voire à la Société protectrice des animaux. Si l'écrevisse renvoie tout naturellement aux pêcheurs, il évoque surtout l'exploration des fonds marins et des espèces qui y vivent, une activité couverte par les océanographes. L'arcane, dont l'iconographie englobe les animaux marins et les canidés en son sein, fait penser à une animalerie.

LA FORCE : la scène du domptage évoque tout naturellement le travail des dresseurs et des comportementalistes animaliers.

L'ÉTOILE : en dehors du fait que cette lame symbolise principalement les ornithologues, les deux amphores que manipule la jeune femme évoquent la toilette intime et les ablutions. Cette scène de « purification » parle de soins esthétiques et, en l'espèce, matérialise les salons de toilettage pour animaux domestiques. Notons également que cette lame du tarot renvoie aux soins vétérinaires, surtout associée au Pendu, qui matérialise la médecine en général.

L'ARCANE SANS NOM : les ossements et les corps découpés qui jonchent le sol symbolisent d'emblée les abattoirs, l'équarrissage et la boucherie. La lame acérée de la faux renvoie au scalpel et donc aux actes chirurgicaux. Cet arcane matérialise aussi l'euthanasie.

Après avoir exploré la flore et la faune, intéressons-nous désormais à la nature humaine, et notamment au corps humain. Je vous propose donc de me suivre chez le médecin dans le prochain chapitre afin de réaliser un petit check-up.

Chapitre 20
le tarot de Marseille et la médecine

Dans un pays vieillissant où le nombre de cancers est en recrudescence, quoi de plus naturel que de dédier un chapitre complet sur l'anatomie et les différentes pratiques médicales en vigueur.

A. En matière de santé, LE PENDU et LE MAT sont les deux arcanes emblématiques augurant de déficiences physiques ou psychiques.

LE PENDU : il matérialise le corps médical et la santé au sens général du terme, ce qui est renforcé par la couleur verte dominante, qui évoque les blouses des chirurgiens. Sa position de martyr fait référence aux souffrances physiques endurées par le personnage dont la tête est en bas. Sa présence dans un tirage augure d'un dysfonctionnement quelconque, d'un organe défectueux, d'une maladie chronique, voire d'un handicap spécifique. En effet, son immobilisme fait penser à un alitement, à une maladie qui vous cloue au lit, à un état grabataire, à une paralysie, voire à une convalescence imposée par les circonstances.

LE MAT : transposé dans le domaine médical, cet arcane représente la folie et couvre ainsi tout le spectre des handicaps mentaux, matérialisant notamment les patients souffrant de graves troubles psychiatriques. Le Mat est l'arcane emblématique de la santé mentale et des désordres qui en découlent.

Ce personnage « délirant », aux frontières du paranormal, incarne essentiellement les esprits malades. Il regroupe des troubles neurologiques aussi divers que variés, comme les hallucinations et les troubles cognitifs liés à la sénilité.

B. La consultation chez votre médecin généraliste.

LE PAPE/LA PAPESSE : ils incarnent respectivement les médecins généralistes (notamment aux abords du Pendu) ou les spécialistes du corps médical, hommes ou femmes, suivis de leurs spécificités. En outre, la Papesse et son manuscrit font écho aux écrits, et en l'occurrence aux ordonnances et autres prescriptions médicales. Selon l'âge du praticien que l'on consulte, on lui préférera l'Empereur ou l'Impératrice.

LE BATELEUR : la table de notre bateleur et les divers outils qui y sont exposés font écho à la table d'auscultation de notre généraliste. Les outils renvoient au fait que le médecin manipule plusieurs appareils tels que le marteau, le tensiomètre, le stéthoscope lors d'une consultation de routine.

LA JUSTICE : la balance symbolise volontiers la pesée, le poids et l'indice de masse corporel. Cet arcane matérialise les chiffres, et en l'espèce renseigne les constantes telles que le rythme cardiaque et le nombre de battements ou les valeurs hautes et basses au niveau de la tension.

L'HERMITE : la lanterne de notre vieillard parle d'elle-même : elle symbolise tout naturellement l'auscultation en soi, le besoin de faire toute la lumière sur les causes de la maladie, de rechercher la présence de symptômes permettant de poser un diagnostic. Cet arcane renvoie à l'idée d'exploration, et à cette phrase que nous avons tous à l'esprit : « ouvrez grand la bouche ».

C. De la pharmacie aux urgences médicales.

L'ÉTOILE : les pharmacies et parapharmacies sont représentées par cette lame du tarot : la nature qui entoure la jeune femme rappelle les herboristeries et les produits naturels. L'Étoile qui exhibe son corps incarne les lieux de soins et de convalescence en général ainsi que les médicaments.

LE DIABLE : il incarne principalement les laboratoires d'analyses médicales et les grands groupes pharmaceutiques spécialisés dans la recherche de nouvelles composantes. En effet, le Diable matérialise les médicaments et leurs formules chimiques ; il incarne les laborantins et les chercheurs chargés d'établir la composition moléculaire du médicament et d'en définir sa toxicité.

L'HERMITE : ce vieux personnage qui avance à tâtons, une lanterne à la main, caricature un personnage voué à la recherche, à l'instar des scientifiques et notamment des chercheurs. Son approche est méticuleuse ; il explore pas à pas son environnement.

LE CHARIOT : les roues du char symbolisent le fait d'être mobile ou véhiculé. En l'espèce, l'arcane matérialise le Samu et, par extension, les ambulanciers et les brancardiers (surtout auprès du Mat).

LA MAISON-DIEU : l'arcane représente les urgences médicales et les polytraumatisées. Il fait écho à l'hôtel-Dieu, une très ancienne fondation qui se réclamait de l'Église et qui accueillait les indigents afin de les guérir. La Maison-Dieu matérialise un lieu où les patients en urgences reçoivent les premiers soins sitôt pris en charge par les équipes du Samu.

TEMPÉRANCE/L'ÉTOILE : elles représentent toutes deux un principe de douceur et d'apaisement, une inclination naturelle à prodiguer des soins aux autres, à les guérir et à leur offrir un bien-être physique et moral, si bien qu'elles incarnent respectivement les aides-soignantes et les infirmières. Elles représentent le calme et les soins nécessaires à un prompt rétablissement.

D. Analysons les maladies sous le prisme des 22 arcanes majeurs.

Je procède ici à un descriptif succinct des différentes pathologies afférentes à tel ou tel arcane majeur. La retranscription médicale a déjà été traitée en détail dans la première partie de mon *Guide de l'utilisateur* paru en mars 2014.

LE BATELEUR : le bâton qu'il brandit fait écho à une seringue. Il incarne donc les prélèvements de tous ordres et les prises de sang. Il représente aussi toutes les maladies juvéniles, comme l'acné.

LA PAPESSE : la Papesse et son voile renvoient à ce qui est caché, dissimulé, à une idée de couvaison, d'incubation. Elle incarne les maladies que l'on ignore, ou que l'on n'a pas forcément détectées.

L'IMPÉRATRICE : mercurienne de souche, l'Impératrice représente la pensée et, en l'espèce, l'hypercérébralité, les maladies psychosomatiques, la fatigue intellectuelle.

L'EMPEREUR : épicurien par nature, il matérialise surtout l'hypertension artérielle. Sa position semi-assise et son casque derrière la nuque symbolisent des névralgies coccygiennes ou des problèmes d'arthrose cervicale.

L'AMOUREUX : sa couleur rouge rappelle celle du sang. Il incarne l'hématologie et les maladies du sang. Il matérialise aussi le visage, notamment la vue et le nez, et en l'occurrence toutes les pathologies qui y sont associées.

LE CHARIOT : les roues symbolisent la mobilité, et en l'espèce les jambes et les membres inférieurs. Cet arcane matérialise les problèmes de déplacement et les personnes à mobilité réduite. Le graphisme du chariot fait écho à une chaise roulante.

LA JUSTICE : le glaive et la balance sonnent l'heure du bilan. Dame Justice matérialise les bilans de santé ; elle incarne aussi la pesée, et donc le poids et les régimes. Elle renvoie enfin aux problèmes de bassin et aux calculs rénaux (les calculs en lien avec les mathématiques, dont elle est l'arcane emblématique !).

L'HERMITE : il symbolise les problèmes liés à l'âge et à la longévité. On y retrouve les maladies du vieillissement, telles que les rhumatismes et l'arthrose, ainsi qu'une baisse de l'acuité visuelle ou un déclin auditif. La présence de cet arcane indique toujours une carence et une déficience quelconques.

LA ROUE DE FORTUNE : sa forme géométrique fait penser aux articulations, et notamment aux problèmes de disques ou de rotule. Cet arcane matérialise surtout la présence de corps étrangers, à l'instar des prothèses. Enfin, sa forme ovoïdale qui tourne autour d'un axe central renvoie directement à l'iconographie des IRM ou des scanners.

LA FORCE : cette démonstration de force à laquelle nous assistons renvoie aux muscles, et donc aux claquages musculaires, mais aussi à des pathologies plus importantes, à l'image de la myasthénie. La force incarne surtout l'obésité et le fait de forcir. Sa présence augure toujours d'un excès, d'un « trop ». Enfin, le personnage utilise ses mains pour manipuler la gueule de l'animal, ce qui indique parfois des douleurs aux poignets et aux carpiens.

LE PENDU : l'immobilisme du personnage incarne l'alitement, et par capillarité la paralysie. Le fil qui lui maintient la cheville renvoie aux problèmes ligamentaires et à des pathologies très hétéroclites au niveau des pieds ou des jambes.

L'ARCANE SANS NOM : à l'instar du squelette et des ossements qui jonchent le sol, on entre de plain-pied dans les problèmes de fractures et les maladies osseuses. L'arcane matérialise essentiellement les interventions chirurgicales, un clin d'œil à cette faux qui nous rappelle un scalpel. Cette carte évoque aussi les selles et les matières fécales. Elle présage souvent de troubles intestinaux. Enfin, incarnant un principe de guerre à elle seule, cette lame de tarot symbolise une attaque extérieure et, en l'occurrence, une attaque microbienne, bactériologique, virale, et dans certains cas une personne rongée par un cancer !

TEMPÉRANCE : le fluide qui est transvasé d'une vasque à l'autre évoque les liquides dans le corps et le système veineux. On recense donc les soucis circulatoires, notamment les varices et les risques de phlébites. Sa présence augure aussi de troubles urinaires et de soucis vésiculaires. Dans un tout autre registre, les ailes de Tempérance matérialisent l'aérien, et renvoient directement aux troubles respiratoires des voies aériennes supérieures, et donc aux allergies telles que l'asthme, le rhume des foins... Enfin, la position des bras relate souvent des douleurs au niveau des épaules et des omoplates.

LE DIABLE : il matérialise principalement la douleur ! On grimace à sa façon quand on a mal ! À un degré moindre, ses yeux bridés évoquent d'emblée des problèmes de strabisme. Le Diable symbolise surtout des problèmes hormonaux et thyroïdiens chez la femme. Il incarne aussi des douleurs de hanches ou de genoux. Son caractère exhibitionniste le renvoie aux maladies sexuellement transmissibles. Enfin, il présage souvent de la présence de polypes, de nodules ou de zones tumorales.

LA MAISON-DIEU : le personnage central qui se jette dans le vide matérialise les chutes et les fractures de tous ordres, y compris les chutes de cheveux. L'arcane symbolise essentiellement les polytraumatismes et les AVC. On rencontre aussi fréquemment cette carte dans les problématiques dentaires. Enfin, le crépi de la tour fait écho à la peau et aux ennuis dermatologiques tels que les dartres, les pelades.

L'ÉTOILE : cette carte, qui représente la plastique féminine au travers de la nudité, évoque d'emblée la gynécologie, mais également les considérations esthétiques telles que la pose d'implants mammaires. Elle matérialise aussi les soucis liés à la peau, surtout auprès de la Maison-Dieu. Son petit ventre grassouillet et ses cuisses pulpeuses font écho à la cellulite.

LA LUNE : elle est l'arcane emblématique de la psychologie, le thème que nous aborderons dans le prochain chapitre. Elle augure de problèmes psychiques de différentes natures. Elle matérialise l'inconscient et les angoisses. Enfin, l'opacité de la Lune symbolise d'importants soucis d'acuité visuelle, comme la cécité. Enfin, mal entourée, la Lune diagnostique la présence de diabète.

LE SOLEIL : il symbolise la vitalité et l'organe du cœur. On le rencontre essentiellement dans les pathologies cardio-vasculaires, à l'instar de l'arythmie ou de l'insuffisance cardiaque. En dehors des troubles cardiaques qui y sont associés, cet arcane matérialise l'estomac, et par capillarité les maladies qui en découlent, comme les crampes et les ulcères. Enfin, ce Soleil incarne brillamment le fait de rayonner, d'avoir bonne mine, évoquant ipso facto les injections d'acide hyaluronique.

LE JUGEMENT : la trompette dans laquelle l'ange tutélaire souffle à plein poumon incarne tantôt les pathologies pulmonaires, à l'instar des bronchites et des œdèmes du poumon par exemple, tantôt les problèmes auditifs tels que la surdité, d'où l'analogie avec le fait de hurler dans cette trompette pour se faire entendre ! Enfin, la présence du Jugement retranscrit l'usage de technologies médicales de dernière génération.

LE MONDE : cette lame du tarot de Marseille représente les maladies exotiques importées de l'étranger. Elle incarne volontiers le service des maladies infectieuses et tropicales traitant autant la fièvre jaune que le paludisme ou les cas d'Ebola et de chikungunya.

LE MAT : arcane emblématique de la santé mentale, sa présence dans un tirage augure souvent de troubles de la mémoire et de la maladie d'Alzheimer. Il évoque les céphalées et les états migraineux, surtout auprès de la Maison-Dieu. Enfin, le Mat, dont la jambe gauche est blessée sous l'action de l'animal, retranscrit une légère claudication.

E. Quand les médecines parallèles apportent une alternative aux soins conventionnels.

L'HERMITE : la canne de notre vieillard ainsi que sa lanterne évoquent une exploration des sols. Le doyen du tarot de Marseille rappelle en tout point les sourciers et les radiesthésistes qui utilisent le pendule.

LA FORCE : le personnage utilise ses mains pour se saisir de la gueule de l'animal. Cette prise en main renvoie directement aux manipulations que pratiquent les rebouteux ou les kinésithérapeutes. Cet arcane exprime la notion de remettre en place, de débloquer, de « redresser ».

L'ARCANE SANS NOM : il représente les ostéopathes. L'iconographie de notre squelette symbolise l'ossature, et donc les professionnels œuvrant dans ce secteur.

TEMPÉRANCE : le flux qui circule entre les deux jarres matérialise un fluide, une énergie, à l'instar de celui que possèdent les magnétiseurs, les énergéticiens, les réflexologues voire les masseurs.

LE DIABLE : il matérialise fréquemment tous les thérapeutes dont le niveau de magnétisme est tel qu'ils travaillent souvent sur les énergies en qualité de chaman, de guérisseur ou dans des domaines dits « occultes ». À toutes fins utiles, le binôme 15+2 symbolise les hypnothérapeutes.

L'ÉTOILE : elle incarne la médecine ayurvédique, une vision holistique et ancestrale des soins selon laquelle le corps et le mental sont intimement liés dans le processus de guérison. Cette lame de tarot reflète principalement les traitements par les plantes et les médecines douces, notamment la naturopathie et l'homéopathie.

S'il est un domaine à l'origine de nombreux maux, c'est incontestablement celui de la psychologie, un sujet que j'aborde dans le chapitre suivant.

Chapitre 21

le tarot de Marseille et la psychologie

Ce chapitre aborde une thématique qui demeure fondamentale à la compréhension de certains tirages de tarot d'ordre « psychologique ». La nature humaine est tellement complexe qu'il m'est apparu utile d'en souligner les grandes lignes sous le prisme du tarot de Marseille.

A. La Lune est l'arcane emblématique de la psychologie et des troubles du comportement.

LA LUNE : cet arcane préside à la psychologie des rapports humains ; elle en définit les contours. Cet astre de la nuit est le miroir de notre inconscient. Il représente notre univers onirique et fantasmagorique. Connue pour son influence sur les marées et les hommes, la Lune retranscrit nos états d'âmes, nos changements d'humeur et nos angoisses existentielles. En règle générale, cette lame du tarot matérialise nos phobies. Elle amplifie et exacerbe nos craintes si bien qu'elle caricature principalement nos névroses, nos peurs inavouées, notre paranoïa.

B. Les thérapeutes.

Si la frontière entre ses différents cliniciens est parfois ténue, il me semblait important d'en délimiter les contours, à savoir :

LA PAPE/LA PAPESSE : ils représentent tous deux des thérapeutes, hommes ou femmes, qui, pour la grande majorité, ont eux-mêmes suivi une psychothérapie. L'arcane majeur auquel ils sont associés permet d'identifier avec précision leur domaine de compétence et leur champ d'action. Par exemple, le binôme 5 + 18 nous parle d'un psychologue, au sens générique et classique du terme ; le binôme 2 + 22 symbolise un médecin psychiatre ou une neurologue, tandis que les binômes 2 + 13 et 5 + 19 caricaturent respectivement une psychanalyste et un pédopsychiatre.

LA LUNE : elle incarne les psychologues ainsi que les psychothérapeutes, notamment ceux et celles parmi les praticiens qui ont recours aux méthodes de thérapie traditionnelles.

LE MAT : il représente les psychiatres et les neurologues, des médecins de formation universitaire qui agissent et travaillent sur des pathologies avérées, seuls habilités à prescrire des antidépresseurs.

LE SOLEIL : arcane emblématique des enfants, le Soleil représente surtout les pédopsychiatres, et par capillarité tous les thérapeutes spécialisés dans les troubles cognitifs de la petite enfance.

L'ARCANE SANS NOM : il incarne les psychanalystes, des praticiens effectuant un travail d'analyse de longue haleine sur des patients affectés par un trauma ou confrontés à un « accident » de la vie, à l'instar d'un décès, d'une agression, d'un inceste, d'un viol...

C. Regardons maintenant quelques-unes des pathologies les plus fréquentes sous le sceau du Tarot de Marseille, à savoir :

L'IMPÉRATRICE : cette mercurienne bon teint matérialise la pensée. Elle évolue dans le domaine des idées. Mal entouré, cet arcane symbolise les troubles psychosomatiques, les pensées qui tournent à l'obsession, l'incapacité de couper le mental et de se relaxer.

L'HERMITE : l'arcane définit les troubles mineurs du langage tels que le manque de communication ou le mutisme. Il caractérise souvent les individus introvertis et renfermés. En négatif, il augure d'un retard mental ou de troubles tels que l'autisme. Notons que la présence répétée de cette lame du tarot de Marseille dans un tirage portant sur les causes d'une affection psychologique indique que l'origine du problème est à rechercher dans le passé, dont l'Hermite est par ailleurs l'arcane emblématique !

LA FORCE : carte emblématique de l'obésité, cette femme plantureuse symbolise les troubles alimentaires associés à la boulimie. La gueule de l'animal maintenue grande ouverte renforce l'idée de « se gaver ».

L'ARCANE SANS NOM : à l'image de sa couleur noire, cet arcane retranscrit souvent une grave dépression sur fond de velléités suicidaires. Cette lame incarne volontiers un individu hanté par les idées morbides. Elle relate souvent de lourds traumas nécessitant une prise en charge psychologique de chaque instant. Dans de rares cas, l'Arcane Sans Nom témoigne d'une personnalité schizophrénique. Enfin, notre squelette caractérise l'anorexie.

LE DIABLE : il incarne essentiellement les manipulateurs et les pervers narcissiques. Le Diable est un dominateur, un prédateur, un bourreau qui aime soumettre et humilier ses victimes. Sa présence dans un tirage « psychologique » retranscrit surtout les addictions et les dépendances de tout ordre, à l'instar de l'emprise qu'il exerce sur les deux diablotins qu'il maintient sanglés à ses pieds tels de vulgaires chiens. Il symbolise aussi toutes les dérives et perversions sexuelles, comme la transsexualité ou les pratiques sadomaso. Notons également que l'usage d'antidépresseurs et de psychotropes est schématisé par cet arcane.

LA MAISON-DIEU : son iconographie fait en tout point écho au mythe judéo-chrétien de la tour de Babel selon lequel Nemrod entreprit de construire une tour démesurée atteignant les cieux. Ce projet pharaonique fut mis en péril par l'œuvre de Dieu, qui fit en sorte de faire régner la confusion et l'anarchie entre les bâtisseurs en multipliant leurs langues, si bien qu'ils finirent par ne plus pouvoir communiquer entre eux. Retranscrit dans la thématique de ce chapitre, la Maison-Dieu symbolise la mégalomanie ainsi qu'un orgueil surdimensionné : cette légende de Babel nous rappelle que les hommes pèchent par excès de zèle, et à vouloir aller toujours plus haut, ils défient les lois de l'univers entraînant tôt ou tard leur perte.

LA LUNE : plongée au cœur de l'inconscient, la Lune fait rejaillir nos angoisses existentielles à la surface. Elle exprime souvent du vague à l'âme ou une déprime naissante. Poussée à son paroxysme, sa présence matérialise des angoisses exacerbées ou fantasmées devenues tellement irrationnelles qu'elles débordent souvent sur des épisodes de paranoïa sur fond de délires de persécution.

D. Arrêtons-nous un instant sur la nature humaine et ses émotions.

L'AMOUREUX : la couleur rouge dominant cet arcane du tarot couvre tout le spectre des émotions, à commencer par l'amour qu'il sacralise. Au-delà de son nom évocateur des sentiments amoureux, il représente cette couleur écarlate ou ce teint cramoisi qui trahit quiconque est saisi par une vive émotion. Ne dit-on pas rougir ou « piquer un fard » pour exprimer une gêne, ou encore « voir rouge » pour traduire une colère soudaine ?

L'HERMITE : notre doyen du tarot est l'arcane emblématique du passé et de la mémoire. Il matérialise principalement la nostalgie, la mélancolie ou le spleen.

LA FORCE : elle incarne un sentiment d'invincibilité, de toute-puissance.

LE PENDU : il retranscrit essentiellement la culpabilité, mais aussi une sensation d'impuissance, d'inertie, de ne pouvoir agir sur les événements. Mal entouré, notre Pendu symbolise un sentiment de trahison, de s'être fait piéger !

L'ARCANE SANS NOM : le graphisme, qui évoque « une mort » réelle ou symbolique, renvoie à la tristesse. Cet arcane matérialise un individu pétri de chagrin, une grande peine.

TEMPÉRANCE : le profil éthéré de notre demoiselle ailée retranscrit une forme d'insouciance, de légèreté.

LE DIABLE : représentant dignement nos péchés et nos travers les plus inavouables, il exprime notamment un sentiment de grande colère et de révolte, ainsi qu'une sensation d'oppression. Selon le contexte, notre Lucifer matérialise une personne haineuse et rancunière, un esprit de basse vengeance.

LA MAISON-DIEU : l'effondrement de la partie haute de la tour renvoie à un sentiment d'échec, de faillite personnelle, à une sensation de ne pas avoir été à la hauteur !

L'ÉTOILE : cette lame du tarot matérialise principalement un sentiment de bien-être et de sérénité.

LA LUNE : comme nous l'avons déjà dit, cet arcane cristallise nos peurs ancestrales et nos angoisses existentielles. Elle relate une forme d'anxiété ou d'appréhension plus ou moins forte. Dans certains cas, cet arcane distille aussi un sentiment de honte ; on préfère se taire, se tapir dans l'ombre, voire cacher les choses. En règle générale, la Lune représente une personne étreinte par l'angoisse.

LE SOLEIL : il affiche un grand bonheur, il exprime une grande joie. Cette lame du tarot est celle de la chaleur humaine de l'altruisme.

LE MONDE : l'arcane matérialise un sentiment de plénitude.

S'il existe une thérapie qui permet de guérir et de panser nos blessures et nos cicatrices, même les plus profondes, rien n'est plus efficace que l'œuvre du temps qui passe, l'objet de notre prochain chapitre.

Chapitre 22
le tarot de Marseille et le temps

Un thème difficile à appréhender tant les espaces-temps sont parfois aléatoires en voyance, variant selon le type de question et le tirage obtenu. Toutefois, le tarot de Marseille nous offre des repères temporels, et toute une série de marqueurs dont il serait dommage de se passer afin d'essayer de borner ses prédictions au plus près de la réalité. Ce chapitre nous présente donc une panoplie de « pense-bêtes » qu'il convient de connaître.

A. En matière de temporalité, LA ROUE DE FORTUNE demeure l'arcane emblématique du temps qui passe.

LA ROUE DE FORTUNE : cette roue qui tourne autour d'un moyeu central orné de six rayons incarne le cycle du temps qui passe. Elle représente la grande roue du destin, de la nativité à la mort. Elle exprime cette notion de temps qui s'écoule inexorablement, inlassablement si bien que son graphisme en forme d'horloge reprend cette thématique, ce tic-tac pendulaire qui comptabilise les secondes qui égrainent notre espérance de vie. On retourne au point de départ, d'où l'expression biblique « né de la poussière, tu redeviendras poussière ». La Roue De Fortune retranscrit donc les cycles immuables de la vie terrestre, et notamment les événements récurrents.

B. Datation

La datation est sans nul doute l'exercice le plus périlleux en matière de divination. Afin de vous aider à circonscrire les espaces-temps, et donc à dater vos tirages au mieux, je me propose de vous livrer un certain nombre d'indices qui ont déjà fait leurs preuves. Je n'ai pas la prétention de vous donner un kit « clé en main », mais seulement plusieurs éléments qui sont le fruit de multiples observations émanant de mes consultations privées depuis plus de dix ans.

- **Le passé, le présent et le futur**

L'HERMITE : il matérialise la mémoire dans le tarot de Marseille. Il incarne l'histoire, les archives et donc les événements passés. Sa présence dans un tirage peut relater des faits datant depuis fort longtemps.

LA ROUE DE FORTUNE : elle retranscrit le présent, le déroulement d'événements en cours de réalisation.

L'ÉTOILE : son ciel étoilé symbolise l'étude des astres, et donc le futur. Elle est la carte des grandes espérances, de l'avenir.

- **Le début et la fin**

LE BATELEUR : si le numéro 1 attribué à l'arcane évoque naturellement le départ et incarne volontiers le mois de janvier, le Bateleur annonce également le début d'une période ou d'une saison lorsqu'il se trouve positionné aux abords d'autres arcanes majeurs. Ainsi le binôme 1 + 18 matérialise le début de la saison froide, et donc de l'hiver, tandis que le binôme 1 + 19 symbolise le commencement de la période estivale. Dans le même esprit le binôme 1 + 4 fait référence à début avril, le binôme 1 + 6 à début juin, etc.

L'HERMITE : ce vieux monsieur au crépuscule de sa vie représente également la fin d'une étape, une période qui touche à son terme. Ainsi, on retrouve les binômes 9 + 18 et 9 + 19 (ou vice versa) pour évoquer respectivement la fin de la période hivernale et la fin de l'été.

- **Les quatre saisons**

Même si nous avons déjà abordé cette rubrique dans le chapitre dédié à la nature, il me semblait important de nous remémorer les saisons sous le prisme du tarot de Marseille.

L'ÉTOILE : elle représente le printemps, le moment où la végétation est luxuriante, les sols sont fertiles, l'herbe reverdit, les cours d'eau ruissellent à flots. Le graphisme de l'arcane parle de lui-même et exprime une véritable renaissance. L'arcane évoque la fonte des neiges (notamment au sortir de l'hiver, soit le binôme 18 + 17).

LE SOLEIL : inutile d'épiloguer, ce beau soleil au zénith évoque l'été. Il matérialise aussi la journée.

L'ARCANE SANS NOM : il symbolise l'automne. L'heure est à l'austérité. Il représente la moisson, les récoltes, les vendanges tardives... Le graphisme symbolise un sol aride et morne, on doit balayer les feuilles mortes ! L'arcane symbolise d'autant plus cette période de l'année qu'il incarne par ailleurs le mois de novembre et la Toussaint.

LA LUNE : elle symbolise l'hiver, la nuit qui tombe très tôt.

- Les jours

S'il est extrêmement rare de dater un événement précisément au jour « J » de sa réalisation, il est possible de recourir à la numérotation des arcanes majeurs pour en définir la date. Hormis les années bissextiles, chaque mois de l'année est composé de 30 ou 31 jours. J'utilise donc tout simplement le numéro de l'arcane pour définir les 22 premiers jours du mois. Ainsi, le Bateleur évoque le premier jour ouvré du mois, le Monde le vingt et unième jour, etc. Tandis que j'attribue au Mat le vingt-deuxième jour du mois, celui-ci demeure néanmoins atemporel puisqu'il n'a pas de numéro attitré. Partant du principe qu'il apparaît après l'arcane du Monde et qu'il exprime un « au-delà », une continuité, je lui en attribue une valeur supérieure. Ainsi, le Mat matérialise invariablement un jour compris entre le vingt-deux et le trente et unième jour du mois.

- Les douze mois de l'année

Selon un système analogue au précédent, je considère que les douze premiers arcanes du tarot de Marseille couvrent les douze mois de l'année. J'utilise donc le Bateleur pour le mois de janvier, la Papesse pour représenter février... jusqu'au Pendu, qui retranscrit le mois de décembre.

- Divers

TEMPÉRANCE : elle symbolise le farniente et les périodes de loisirs. Elle représente les congés, les repos et les vacances.

LE DIABLE : son appétence pour le pouvoir ou son goût des plaisirs charnels matérialisent parfois le mois de novembre, en raison de ses atomes crochus avec le signe du Scorpion.

L'HERMITE : ce vieillard, auquel on a affublé le numéro 9, parle essentiellement du mois de septembre, notamment lorsqu'il suit le 19 (l'été), mais pas exclusivement. J'ai remarqué, à maintes reprises, au cours de mes consultations, que cet arcane évoque aussi le mois de janvier, surtout aux abords du Bateleur. J'en veux pour preuve la lenteur de cet arcane, qui est en analogie parfaite avec le signe du Capricorne. Qui plus est, le personnage est emmitouflé comme par période de froid polaire.

LA PAPESSE : en dehors du fait que je lui attribue aléatoirement le mois de février en raison de son numéro d'identification, je note que la Papesse est chaudement vêtue, ce qui, à l'instar de l'Hermite, fait de nouveau écho à une période de grand froid.

S'il est un domaine qui nous a fait gagner beaucoup de temps ces dernières années, c'est celui des nouvelles technologies, ce dont je parle dans le chapitre suivant :

Chapitre 23
le tarot de Marseille et la technologie

À une époque en constante mutation où le progrès n'en finit pas de nous épater et de nous rattraper, il devient alors essentiel d'en maîtriser les dernières technologies de manière à rester connecté au monde extérieur. Je vous propose donc de faire un petit détour par ces moyens de communication ultramodernes, véritables interfaces de notre vie au quotidien.

A. Le Jugement est l'arcane emblématique des technologies de dernières générations.

LE JUGEMENT : il matérialise mieux que quiconque les réseaux sociaux tels que Twitter et Facebook. Il représente l'univers du multimédia et de l'audiovisuel au sens large du terme : de l'internet aux téléviseurs et ordinateurs à écrans plats de dernière génération, en passant par les tablettes à écran tactile, le Jugement regroupe toutes ces petites merveilles de technologie qui font que nous restons connectés en permanence avec l'actualité. Arcane emblématique de la communication, il nous offre les moyens de passer sa vie « on line ». Le Jugement comprend différents supports ou applications comme Skype, la DSL, Kindle, l'e-learning.

B. Regardons désormais les autres champs d'application de ses technologies, à savoir :

LA ROUE DE FORTUNE : elle retranscrit le développement et l'évolution des moyens de communication. La complexité de cette roue à six rayons qui tourne autour d'un moyeu central, le tout relié à une manivelle, fait immédiatement penser à un système de tractions et de poulies : elle matérialise principalement un objet rond ou une pièce de forme cylindrique, à l'instar d'un tambour de machine à laver, d'une courroie de transmission, d'une IRM, d'une parabole ou d'un CD-Rom. L'arcane qui se réclame d'une technologie révolutionnaire englobe aussi la notion d'ergonomie en son sein, ce qui se traduit par sa forme ovoïdale. Pas étonnant alors que l'arcane symbolise également les prothèses de tout ordre !

L'HERMITE : ce vieillard qui scrute l'horizon avec sa lanterne incarne une quête, et en l'espèce symbolise un moteur de recherche tel que Google. En effet, l'Hermite matérialise l'informatique en général. La lanterne de notre doyen fait écho à une recherche sur Internet. Il semble scruter l'écran à l'affût d'informations susceptibles de l'aider. Le binôme 9 + 20 retranscrit une recherche (9) sur internet (20). Enfin, l'arcane englobe les chercheurs, les savants et les scientifiques de tous bords, et notamment les ingénieurs informatiques, aéronautiques, automobiles, toutes celles et ceux qui font avancer l'humanité au travers de leurs trouvailles.

TEMPÉRANCE : elle incarne les télécommunications et la téléphonie mobile. Le fluide blanchâtre qui passe entre les deux jarres de la demoiselle ailée symbolise les ondes, et en l'espèce la fibre optique, le très haut débit. Arcane de communication et de dialogue, les deux cruches et ce fluide qui circule entre elles rappellent étrangement notre appareil phonatoire, faisant directement écho aux vibrations des cordes vocales quand on s'exprime. Enfin, ce courant alternatif fait penser aux champs électromagnétiques et à la pollution atmosphérique. Tempérance représente donc toutes vos communications téléphoniques. Le binôme 2 + 14 (ou vice versa) retranscrit un SMS, un message (2) par téléphone (14).

C. Divers.

LE BATELEUR : le jeune homme et son établi garni d'outils symbolisent un réparateur, un technicien qui intervient sur votre ordinateur ou sur votre installation téléphonique... à l'instar de sociétés telles que « PC urgence », etc.

LA JUSTICE : elle symbolise principalement une homologation ou une certification. En l'espèce, dame Justice incarne un acte juridique de protection industrielle ou intellectuelle.

LE PENDU : selon le contexte, il retranscrit une panne informatique ou un blocage de votre téléphone.

L'ARCANE SANS NOM : certains l'associent parfois à l'informatique en raison de sa colonne vertébrale qui ressemble à un clavier d'ordinateur.

LE SOLEIL : cet arcane associé à l'image, à l'art graphique et au visuel retranscrit le petit écran et le fait de se retrouver derrière les projecteurs, sous les feux de la rampe. Ainsi, en l'espèce, le binôme 20 + 19 symbolise l'audiovisuel public.

LE MONDE : arcane qui représente les grands groupes informatiques implantés dans le monde entier à l'instar de Google, Yahoo, notamment aux abords de l'Hermite et de l'Arcane Sans Nom.

La technologie a fait d'énormes progrès, qu'en est-il donc des sciences humaines telles que l'astrologie ou la numérologie ? Allons y jeter un coup d'œil dans le prochain chapitre.

Chapitre 24
le tarot de Marseille et l'astrologie

Cette rubrique fait état d'un certain nombre de notions utiles à quiconque s'intéresse un tant soit peu à l'ésotérisme. Si l'astrologie peut aider à brosser le portrait et la personnalité de tel ou tel client, elle n'a pas la puissance divinatoire du tarot de Marseille. Qui plus est, il existe certes des analogies entre les signes du zodiaque et les arcanes, mais les deux sciences demeurent indépendantes l'une de l'autre. Ce parallélisme que je vous propose de découvrir permet d'enrichir ses connaissances élémentaires.

A. Le tarot de Marseille et les douze signes astraux

LE BATELEUR : il est en analogie avec le signe du **BÉLIER**. Le Bateleur est le premier arcane majeur, et le Bélier le premier signe du zodiaque. Le Bateleur est migraineux. Il représente la tête, en parfaite analogie avec le signe du Bélier, connu pour ses maux de tête. Le bateleur est fonceur, le Bélier l'est tout également.

L'EMPEREUR : il est en analogie avec le signe du **TAUREAU**. L'Empereur est épicurien comme l'est le Taureau ; l'Empereur est entêté, un défaut bien connu du Taureau. Ce sont tous les deux des courageux et des grands travailleurs. L'Empereur représente la stabilité socioprofessionnelle et les propriétaires, le Taureau a besoin de posséder des biens matériels, ce qui le rassure.

LE SOLEIL : il est en analogie avec le signe du **GÉMEAUX**. La dualité des Gémeaux fait écho aux jumeaux qui sont dépeints sur l'arcane du Soleil.

LA LUNE : elle est en phase avec le signe du **CANCER**. La Lune influe sur les marées ; elle représente l'eau et les océans dans le tarot de Marseille, un élément que le Cancer, en tant que crustacé, affectionne tout particulièrement, le Cancer étant lui-même un signe d'eau par ailleurs. Le Cancer est connu pour ses sauts d'humeurs et son caractère lunaire.

LA FORCE : il correspond au signe du **LION**. L'arcane de la force rappelle le mythe de Samson et le lion de Némée, ce héros à la force herculéenne qui coupa un lion en deux. Le Lion symbolise la puissance, la Force l'exprime aussi. Qui plus est, l'arcane de la Force dompte un animal qui caricature très souvent un lion.

L'IMPÉRATRICE : elle est en analogie avec le signe de la **VIERGE**. Le champ d'action et de prédilection de notre mercurienne se situe pleinement sur le terrain de la pensée et des idées, de même que le signe de la Vierge est gouverné par Mercure, la planète régissant les idées et la communication. Le signe de la Vierge intellectualise et souffre souvent de maux et de désordres psychosomatiques, une pathologie qui frappe également notre Impératrice. L'Impératrice raisonne sans cesse et maîtrise ses émotions, à l'image des natifs de la Vierge.

LA JUSTICE : elle renvoie au signe de la **BALANCE**. Les deux plateaux de la Justice traduisent l'équité, la recherche du juste milieu, de l'équilibre absolu, en analogie avec le signe de la Balance, dont le nom renvoie à un appareil de mesure tel un pèse-personne ou à une balance traditionnelle utilisée jadis pour peser les denrées alimentaires chez les commerçants. Qui plus est, les astrologues prêtent au signe de la Balance une droiture et un sens inné de la justice.

L'ARCANE SANS NOM : il fait écho au signe du **SCORPION**. Cet arcane du tarot dépeint une nature morne, un spectacle de désolation qui rappelle un paysage automnal, et notamment la Toussaint, la fête des Morts, une période de l'année placée sous le signe du Scorpion.

LE CHARIOT : il est en analogie avec le signe du **SAGITTAIRE**. Le chariot préside aux voyages, il partage un point commun avec les natifs du Sagittaire connus pour leur goût de l'aventure et des voyages. Le Sagittaire est dépeint tel un centaure, une créature mythique mi-homme mi-cheval. Cet archer aux airs de conquistador fait écho aux deux chevaux qui tirent l'attelage sur lequel évolue notre jeune conquérant.

L'HERMITE : il est en analogie avec le signe du **CAPRICORNE**. Ils sont tous deux connus pour leur lenteur légendaire. L'Hermite est un saturnien, il apparaît taciturne et austère, à l'image de nombreux natifs du Capricorne gouvernés par Saturne. Ils ont en commun de vivre souvent dans le passé. Ils sont souvent casaniers et pantouflards.

TEMPÉRANCE : elle fait écho au signe du **VERSEAU**. L'arcane transvase un liquide entre deux jarres, il « verse de l'eau ». Comment ne pas faire le rapprochement avec le Verseau ? Difficile alors de ne pas y voir un jeu de mot ! Le Verseau est un signe d'air en analogie avec le profil aérien de Tempérance.

LE PENDU : il est en analogie avec le signe des **POISSONS**. Les natifs des Poissons sont connus pour leurs sens du dévouement et du renoncement, à l'instar de notre Pendu, réputé pour son sens du sacrifice et du lâcher-prise. Le Pendu est attaché par un pied, son point faible, un point commun avec le signe des Poissons qui gouverne les pieds.

B. La classification des planètes et des arcanes majeurs selon Marsile Ficin

Le tableau ci-dessous est issu des textes d'inspiration astrologiques et numérologiques de Marsile Ficin. Il est composé de sept colonnes et de trois lignes principales établissant un rapport intime entre les planètes de notre galaxie et les arcanes majeurs. Cette classification est extraite du documentaire d'ARTE, *Les mystères du tarot,* diffusé le 18 février 2015.

J'ai introduit cette classification dans ce chapitre, car elle me semble très réaliste à plus d'un égard. En effet, selon le philosophe Marsile Ficin, qui fut un grand nom du XVe siècle, les 21 arcanes majeurs sont classés sur trois niveaux différents selon qu'ils appartiennent à la catégorie dite « terrestre », « intermédiaire » ou « céleste ». La colonne du bas renferme donc les arcanes suivants : le Chariot, le Diable, l'Amoureux, la Force, L'Hermite, le Maison-Dieu, l'Arcane Sans Nom. La colonne intermédiaire regroupe, quant à elle, Tempérance, la Roue De Fortune, l'Étoile, le Soleil, la Lune, le Pendu, le Jugement, tandis que la colonne supérieure, dite « céleste », inclut le Monde, le Pape, la Papesse, l'Impératrice, l'Empereur, le Bateleur et la Justice. Chacun des arcanes est classé sous l'égide d'une planète dont les influx correspondent à ses caractéristiques intrinsèques.

Ainsi, on obtient le tableau ci-après :

	Jupiter	**Mars**	**Vénus**	**Soleil**	**Lune**	**Mercure**	**Saturne**
Céleste							
Intermédiaire							
Terrestre							 

Dans ce tableau édicté par Marsile Ficin, chaque colonne renferme une symbolique très précise : la colonne de gauche gouvernée par Jupiter est appelée « l'âme du monde ». Elle contient les trois multiples de sept. La colonne de Mars est masculine et violente, la colonne de Vénus est féminine et amoureuse, les colonnes du Soleil et de la Lune alternent le masculin et le féminin, mariant le jour et la nuit. La colonne de Mercure préside aux usages de la parole tandis que la colonne de Saturne représente la justice divine.

Cette grille de lecture n'a pas perdu une seule ride depuis sa création. Ce tableau de Marsile Ficin demeure très contemporain et criant de vérité. Prenons par exemple la colonne de Mercure et contemplons les trois niveaux de lecture de haut en bas. On retrouve le Bateleur, qui symbolise la persuasion, puis le Pendu, qui représente la trahison, et enfin la Maison-Dieu, qui matérialise la confusion. Cette classification conserve le sens premier des arcanes majeurs : le Bateleur est connu pour manier la parole avec tact, il définit l'art de la rhétorique ; le Pendu symbolise un piège, une trahison, alors que la Maison-Dieu représente une situation de chaos et de confusion dans la grande majorité des cas. Les planètes et leurs influx agissent sur les trois niveaux de conscience. Il en ressort un ordre universel, une alchimie entre l'homme, le plan terrestre et l'univers, le plan céleste.

NB : le Mat est positionné sous l'Arcane Sans Nom en raison de ses liens très étroits avec la mort et l'au-delà. Il est classé sur le plan terrestre, celui des humains.

Chapitre 25
le tarot de Marseille et le tirage en croix

Ce chapitre est consacré à la lecture du tirage en croix et à son mode d'emploi. Si le tirage en croix demeure une méthode classique et usuelle adoptée par de nombreux voyants, il convient d'en rappeler les fondamentaux afin de l'interpréter dans les règles de l'art et d'éviter les faux pas. Il n'est pas question pour moi de vous faire ici une longue litanie sur ce mode de tirage, celui-ci ayant déjà été dûment détaillé dans mes ouvrages précédents, et notamment dans le *Guide de l'utilisateur* paru en mars 2014. Je reprends donc les principales caractéristiques de ce type de tirage, à savoir :

A. Les bases du tirage en croix

Il est constitué de cinq arcanes majeurs, que l'on nommera **A**, **B**, **C**, **D**, **E** qu'il convient de disposer en forme de croix selon un ordre établi matérialisé par le schéma ci-dessous.

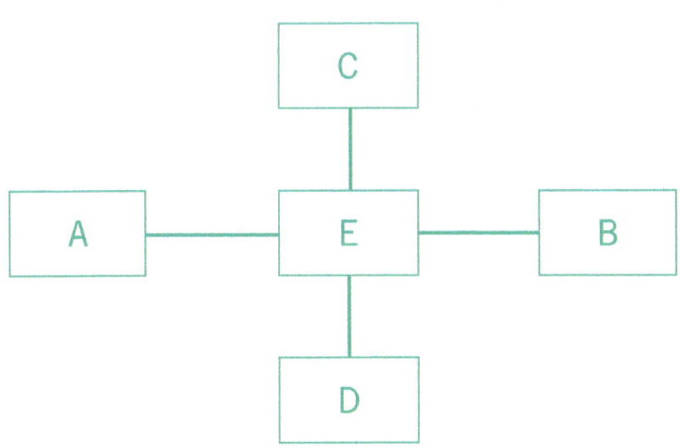

B. Valeur des cinq arcanes majeurs

A : il représente le consultant, son métier et ses forces.

B : il représente l'extérieur, les autres, les événements adverses et les faiblesses du consultant.

C : il représente le futur, les événements à venir ; cet arcane matérialise un bilan à mi-parcours, voire parfois le résultat définitif à la question.

D : il représente le présent, la problématique au jour « j » de la consultation.

E : il représente l'état d'esprit du consultant face à sa problématique. Cet arcane interagit sur chaque espace-temps, du passé au futur.

Les cinq arcanes majeurs ainsi positionnés forment quatre triangles isocèles, qui renferment chacun un espace-temps bien définit. Ainsi, le triangle ADE matérialise le passé, le triangle DBE, le présent et parfois des événements quasi immédiats, le triangle BCE le futur à court et moyen terme (entre 1 et 6 mois selon les tirages), et enfin le triangle CAE le futur plus lointain (précisément là où se trouve le résultat du tirage, la réponse définitive à votre question).

Remarque n° 1 : certains tirages de tarot renvoient parfois à des événements très lointains dans le temps, que ceux-ci se situent dans le passé ou dans le futur. Seule la pratique assidue vous permettra d'appréhender ces espaces-temps avec exactitude.

Remarque n° 2 : en moyenne, un tirage en croix à une valeur d'un à deux ans, selon le contexte et le type de question.

Remarque n° 3 : je vous invite à recouvrir vos cinq premiers arcanes majeurs de cinq nouveaux arcanes afin d'étoffer vos interprétations. En effet, force est de constater que l'ajout d'un nouvel arcane modifie parfois profondément le sens du premier arcane. N'hésitez surtout pas à recouvrir systématiquement vos tirages en croix dès que possible.

C. Sens de rotation et lecture

Pivotant autour d'un axe central (E), le tirage en croix se lit de gauche à droite, dans le sens contraire des aiguilles d'une montre, comme indiqué ci-dessous par la flèche noire qui le ceinture, à savoir :

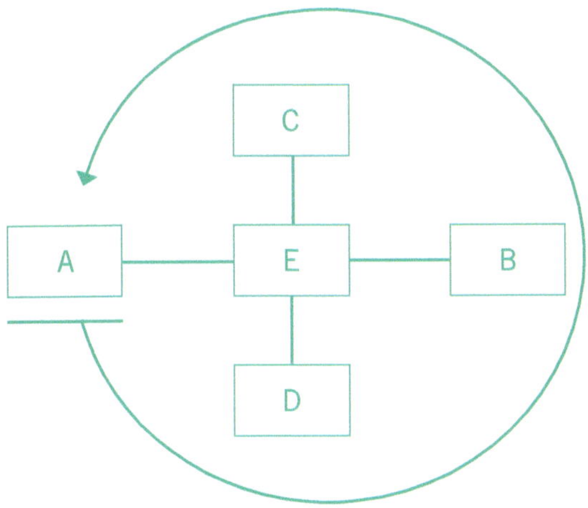

D. Tirage en croix et Roue de Fortune

Voici l'arcane majeur qui présente une parfaite analogie avec le tirage en croix. Le principe de l'évolution incarné par cette grande roue fait écho en tout point au mode de lecture de tirage en croix : procédons donc à une comparaison selon le schéma suivant :

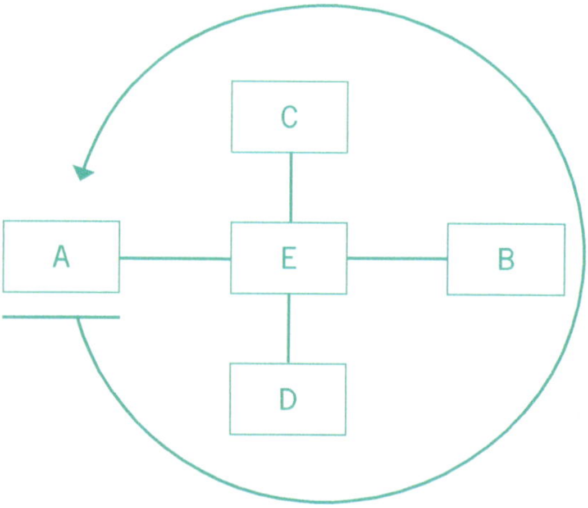

Remarque. Le tirage en croix se lit de manière circulaire et empirique. Il forme un cycle qui gravite autour d'un moyeu (E), à l'instar de notre Roue De Fortune. Si vous lisez donc le tirage en croix comme il se doit, dans le sens contraire des aiguilles d'une montre, vous commencez votre analyse en partant de A, puis vous remontez le temps en faisant escale en D (le présent) avant de poursuivre votre ascension vers C (le futur)... Ce cycle fait écho au principe même de l'évolution et symbolise la ronde de la vie qui ne cesse de se perpétuer au fil des siècles. On naît (A), on est (D) puis on devient (C). La Roue De Fortune symbolise une rotation, un mouvement circulaire qui fait penser aux révolutions solaires. C'est sur ce même principe universel que notre tirage en croix est articulé. Il pivote autour de son axe central.

E. Discussion autour de l'arcane placé en position « D »

Alors que l'on n'a de cesse de nous seriner depuis des années-lumière que cet arcane répond à la question, en réalité, il n'en est absolument rien et pour preuve : ce mode d'interprétation classique (A en pour, B en contre, C en intervenante et D en résultat) qui nous a été asséné comme une vérité absolue n'appartient qu'à ses auteurs. Il ne repose sur aucun dogme et n'obéit à aucune logique universelle.

Je me suis rendu compte, au fil des ans et de milliers de consultations à mon actif, que cette carte « D » qui est placée devant nous représente la situation présente du consultant au jour « J » de la consultation, et retranscrit son actualité au moment du tirage, son « ici et maintenant ». Elle a donc une valeur de présent absolu, elle est un trait d'union entre le passé et le futur : pour cette raison qui relève davantage de la logique que de la clairvoyance, « D » ne peut à la fois décrire le présent et annoncer l'avenir, cela n'a aucun sens.

Qui plus est, le sens de lecture du tirage en croix, à l'instar de notre Roue De Fortune, accrédite cette thèse car il suppose de lire de gauche à droite, de bas en haut, sans discontinuer. En effet, l'évolution présuppose d'aller de l'avant, d'aller toujours plus haut, de se projeter dans l'avenir et non de retourner en arrière !

En naviguant sur des forums dédiés au tarot de Marseille que j'ai découverts très récemment pour mon plus grand plaisir, force est de constater que les résultats des participants ne sont pas toujours à la hauteur de leurs attentes, notamment en raison de cet amalgame que j'expose ci-dessus. Les apprentis pensent à tort que « D » exprime le résultat de leurs tirages en croix. Or l'arcane « D » retranscrit la problématique présente au jour « J », d'où l'impression d'un énorme décalage entre la réalité des événements futurs et l'analyse qu'ils en ont fait au moment du tirage. On relève des « je ne comprends pas pourquoi j'ai raté mes partiels de fin d'année, pourtant j'étais sûr que le Monde en résultat (en position « D » pour eux) était signe de réussite », etc. Je pourrais citer des centaines de remarques comme celle-ci.

Cette confusion des genres étant une source d'innombrables erreurs d'interprétation, je n'ai aucune hésitation à clamer haut et fort que « D » est bel et bien le **PRÉSENT** et non le résultat de votre tirage en croix, n'en déplaise à tous les aficionados de la méthode dite « classique ». Le résultat définitif étant à rechercher au sein du triangle CAE, matérialisant le futur lointain (cf. *Tarot de Marseille : Guide de l'utilisateur*).

Je laisse les apprentis et les autres praticiens libres de se forger un avis sur la question. Je ne saurais que les inviter à reconsidérer leurs anciens tirages en croix à la lumière de ces explications, et de prendre conscience par eux-mêmes de ce parallélisme avec la Roue de Fortune, qui représente la ronde de la vie, la roue de notre destin en perpétuelle évolution.

ATTENTION. Loin de moi l'idée de fustiger telle ou telle méthode de lecture du tirage en croix, chacun étant libre de ses choix, je réponds uniquement à ceux qui se réclament être dépositaires de la pensée unique et qui ne supportent pas que l'on puisse analyser les choses différemment. À toutes fins utiles, je rappelle également qu'en matière de droit français, les idées ont libre cours, jusqu'à nouvel ordre.

Chapitre 26
le tarot de Marseille et la voyance

Cet avant-dernier chapitre vise autant à expliquer l'apport du tarot de Marseille aux praticiens utilisant ce bel outil divinatoire qu'à en définir ses forces et ses faiblesses.

A. En matière divinatoire L'ÉTOILE et L'HERMITE sont les deux arcanes emblématiques de la voyance

L'ÉTOILE : le graphisme de la carte dépeint une voûte céleste parsemée d'étoiles scintillantes. Retranscription de la nature et de l'univers, cet arcane symbolise l'étude des astres et des planètes. En l'espèce, il évoque l'astrologie, mais surtout la voyance et la destinée, ce qui est écrit dans notre ciel à la naissance, ce à quoi nous sommes prédestinées ici-bas.

L'HERMITE : il scrute l'horizon de sa lanterne, il cherche à découvrir ce qui est caché, enfoui, pas visible à l'œil nu, c'est un chercheur de vérité. Il incarne la voyance de par ce côté inquisiteur qui vise à faire la lumière sur votre destin. C'est par ailleurs le binôme 9 + 17 (ou vice versa) qui matérialise au mieux la voyance. Son bâton de pèlerin évoque les radiesthésistes et les voyants utilisant le pendule pour définir leurs prédictions.

B. Lien entre arcanes majeurs et arts divinatoires

LE PENDU : il matérialise la médiumnité et la spiritualité dans son sens le plus noble. Il retranscrit un état de détachement, d'abandon et de lâcher-prise nécessaire pour entrer en « transe », dans un état second, en mode « alpha ». Cette position du Pendu renvoie aux yogis nantis de petits pouvoirs dont celui de « voir ». Il est relié à des plans de conscience supérieurs, très éloignés des contingences matérielles du quotidien.

LA ROUE DE FORTUNE : elle fait directement écho à la roue astrologique et à la complexité des thèmes astraux, notamment aux abords de l'Étoile qui retranscrit l'univers. Sa forme ovoïde rappelle celle des planètes, et le fait que la roue de fortune exprime une rotation renvoie aux révolutions solaires et au fait que les planètes tournent sur elles-mêmes.

LA JUSTICE : arcane des mathématiques et des calculs de tous ordres, dame Justice matérialise la numérologie et les calculs qui y sont associés, dont l'addition théosophique, une méthode de calcul ancestrale qui a été reprise ensuite dans le calcul des angles morts dans les tirages en croix (cf. *Guide de l'utilisateur*).

LE DIABLE : il matérialise les sciences occultes en général. Il incarne essentiellement les marabouts et les guérisseurs. À la personnalité affirmée et sûre d'elle et de ses pouvoirs, cette lame du tarot de Marseille représente parfois les gurus et les mauvais prédicateurs qui utilisent leurs supposés pouvoirs à des fins d'escroquerie. Prenez donc bien soin d'analyser les cartes environnantes quand le Diable apparaît dans un tirage de tarot abordant ce sujet. Le binôme 15 + 13 évoque de la magie noire et des rites vaudous.

LA LUNE : elle est communément associée à l'occulte et aux mystères du fait qu'elle représente la nuit et l'activité onirique. Elle incarne surtout les rêves prémonitoires.

C. Les limites du tarot de Marseille en termes de prédictions

Ce tarot de Marseille demeure un support à la divination parmi tant d'autres, il ne se substitue en aucun cas à la voyance pure. Ce magnifique outil renferme des milliers d'archétypes permettant d'affiner ses prédictions et de répondre à des problématiques précises. En revanche, s'il participe à la prophétie, il ne vous donnera pas le prénom d'une personne, ni son âge exact, ni la marque de telle ou telle voiture ou la description physique complète d'untel, encore moins son adresse précise. Telles sont les limites du tarot de Marseille.

Le tarot de Marseille s'apprend à l'instar d'une langue étrangère. Il obéit à des codes qui, sitôt décryptés, à force de pratique et de persévérance, mais surtout d'années d'observation, permettent à tout un chacun de préparer l'avenir avec sérénité. Je dirais qu'il permet de prévoir et d'anticiper certaines situations, bonnes ou mauvaises, afin d'agir en conséquence. En ce sens, il demeure un formidable outil divinatoire inégalé.

Pour celles et ceux qui ne parviennent pas à accéder au langage du tarot de Marseille, qu'il juge trop complexe, et qui veulent obtenir des réponses immédiates à leurs interrogations, il existe toute une panoplie d'oracles, plus simple d'utilisation, qui offrent des réponses rapides et imagées, bien que génériques. En règle générale, la présence d'un mot-clé ou d'un dessin, voire des deux, apparaît sur ce type de jeu de cartes de façon à en faciliter sa lecture. Parmi les plus connus figurent les célèbres oracles de Belline ou de la Triade qui, il faut le reconnaître, son très bien conçus et vont droit à l'essentiel.

Chapitre 27

le tarot de Marseille et la mythologie

Cet ultime chapitre relate l'influence de la mythologie dans la conception du tarot de Marseille. En effet, l'iconographie de chaque lame de tarot n'est pas le fruit du hasard. Ce bel outil divinatoire est émaillé de références à la mythologie gréco-romaine, dont il s'est inspiré. Je me propose donc de vous faire revivre quelques-uns de ces mythes et légendes au travers d'un échantillon de huit des vingt-deux arcanes majeurs.

LE BATELEUR : le personnage du Bateleur fait écho à la jeunesse d'Hermès, Mercure étant son homologue romain. On dirait une reproduction du jeune dieu de l'Olympe, fils de Zeus et de Maïa, dieu du commerce, des transports et des voleurs. Le Bateleur est un créatif doué de talents multiples, au même titre qu'Hermès dont la légende lui prête d'avoir découvert l'art de faire le feu, d'avoir confectionné une lyre, des raquettes et une syrinx avant midi au jour même de sa naissance. Cette table devant laquelle se trouve notre Bateleur fait penser aux étals du marché et renvoie directement aux activités mercantiles, en analogie avec Hermès, le dieu du commerce dans la mythologie grecque. Qui plus est, notre Bateleur est entouré de différents objets, dont des pièces de monnaie (une émanation de son profil mercantile), des dés à jouer, deux gobelets, une baguette à la main... On lui prête souvent une réputation de voleur, une inclinaison pour les larcins et le chapardage. L'hymne homérique dédié à Hermès nous chante que celui-ci vola le troupeau de son demi-frère Apollon au soir même de sa naissance et que, sitôt démasqué, celui-ci amadoua son demi-frère en lui jouant de la lyre, si bien qu'il finit par lui céder son troupeau en échange de sa lyre, lui donnant de surcroît une baguette d'or (qui rappelle étrangement la baguette brandie par notre Bateleur) et d'autres privilèges. Hermès a su user de la ruse pour charmer Apollon, une qualité première que connaît bien notre jeune Bateleur, qui manie non seulement l'art de la rhétorique avec habileté (il est hâbleur), mais aussi celui de la manipulation et de l'illusion. Ce n'est sans doute pas le fruit du hasard si le Bateleur est surnommé « Le Magicien » dans d'autres versions du tarot de Marseille.

LE SOLEIL : l'astre du jour est rattaché à la constellation des Gémeaux, comme le sont Castor et Pollux, les deux fils de Léda, issus de deux œufs différents. L'iconographie des jumeaux à l'image est un clin d'œil au duo formé par Castor et Pollux, les dieux de l'hospitalité. Le Soleil représente la chaleur humaine et la bonté, en analogie avec l'hospitalité des Dioscures ! En outre, ils sont connus pour avoir participé aux épreuves gymniques dans la Grèce antique en raison de leur bonne condition physique. L'arcane du Soleil évoque lui aussi une bonne tonicité et une condition physique optimale. Il symbolise volontiers les athlètes et les compétiteurs.

LE CHARIOT : comme nous l'avons déjà évoqué, l'iconographie de cet arcane du tarot renvoie principalement aux centaures, à ces créatures mythiques façonnées dans un corps de cheval au buste et à la tête d'homme, utilisées aux avant-gardes dans des combats territoriaux. Le personnage couronné juché sur son char est semblable à un valeureux chevalier parti à la conquête de telle ou telle contrée. Les jambes de notre jeune roi du tarot de Marseille sont invisibles à l'image, sa motricité étant symbolisée par les deux chevaux qui monopolisent la partie basse de l'arcane. On retrouve sur l'arcane cette dualité homme-cheval si caractéristique des centaures. Les centaures seraient donc les ancêtres des premiers cavaliers, dont notre personnage du tarot en est une émanation. Cet arcane symbolise aussi les célèbres courses de char dont César était si friand sous la Rome antique.

LA FORCE : cet arcane fait directement référence aux Douze Travaux d'Hercule (Héraclès dans la mythologie grecque), un demi-dieu nanti d'une force de colosse. Hercule est connu pour avoir tué le lion de Némée, une créature fantastique qui ravageait les troupeaux des bergers de la région, faisant régner la terreur chez les habitants. Le premier de ses grands travaux que lui ordonna de réaliser Eurysthée fut justement de vaincre ce lion, une tâche qu'il accomplit avec bravoure, si bien qu'il revêtit la peau de l'animal en guise de trophée. Fier de son exploit héroïque, son père Jupiter fit jaillir des étoiles dans le ciel, et de là naquit la constellation du Lion !

On trouve aussi des références bibliques qui renvoient à la scène dépeinte sur cet arcane du tarot de Marseille, notamment au travers du mythe de Samson, un héros doté d'une force surnaturelle qui combattit un lion dans la vallée de Thimna, lui écartant la gueule à mains nues si puissamment qu'il finit par le déchirer en deux.

À titre d'information, Francesco Hayez, un peintre italien né à Venise en 1791, produisit un magnifique tableau en 1842 retranscrivant la fameuse scène de Samson soumettant le fauve.

L'AMOUREUX : l'arcane fait référence à Cupidon (Éros dans la mythologie grecque), fils de Vénus, le dieu de l'amour. Cupidon est généralement dépeint comme un angelot avec un arc et des flèches, à l'instar de notre chérubin qui s'apprête à décocher sa flèche d'amour en plein cœur de notre Amoureux transi ! Ce symbolisme de la passion amoureuse abonde dans l'architecture romaine de l'époque, notamment sur les fresques et les édifices religieux où les références aux anges sont légion.

LA MAISON-DIEU : notre tour infernale nous renvoie à la légende de la tour de Babel, au fait que seule la main de Dieu est capable de créer des œuvres d'une telle magnificence. Les humains qui ont voulu ériger cet édifice pharaonique aux portes des cieux se sont trouvés dans l'impossibilité de parachever cet ouvrage, car la légende a voulu que Dieu fît en sorte qu'ils ne parlassent plus la même langue et ne se comprissent plus. Dieu les arrêta donc dans leur folie des grandeurs, la démesure de cette construction terrestre rompant avec l'harmonie des lois de l'univers.

L'ÉTOILE : cette jolie carte du tarot de Marseille fait écho aux nymphes grecques et autres déesses de l'Antiquité. Les nymphes représentaient des divinités féminines, jeunes et de toute beauté, connues pour fertiliser la nature. Elles colonisaient les forêts, les eaux et la végétation dans son ensemble. Elles étaient également affublées du talent de guérisseuses. Coïncidence ou non, la scène rappelle en tout point notre bonne fée du tarot qui se tient agenouillée près d'un point d'eau en plein cœur d'une nature chatoyante. L'Étoile est un symbole de fécondité. Elle matérialise l'esthétisme et les canons de la beauté ; elle est également synonyme de soins et de guérison. On lui prête des vertus curatives. La nudité de cette nymphe du tarot de Marseille associée à l'eau qui ruisselle des cruches participe à ce concept de fertilité à part entière.

TEMPÉRANCE : cet arcane du tarot de Marseille est pourvu d'une paire d'ailes blanches immaculées qui rappellent celles que l'on observe chez Pégase, le cheval ailé de la mythologie grecque. L'action de Tempérance se situe dans les airs, à l'instar de Pégase qui devint la monture de Zeus, une fois monté dans les cieux. Ce dernier créa une constellation du nom de Pégase, celle-ci se situant au nord du Verseau, en analogie avec Tempérance, qui représente le signe du Verseau.

Remarque. Ces références à la mythologie font partie de l'ADN du tarot de Marseille. Elles en définissent ses fondations. Nul n'a besoin de les connaître pour pratiquer la divination. Cet apport de la mythologie gréco-romaine constitue une simple base de données qui permet de méditer sur les origines de ce tarot de Marseille, celui-ci s'abreuvant de légendes et de symboles ancestraux, dont certains remontent à la Grèce antique.

Conclusion

Nous voici parvenus au terme de ce fabuleux voyage initiatique au cœur des grandes thématiques qui émaillent notre parcours, notre quotidien. Vous aurez pu constater que chaque archétype du tarot de Marseille, loin d'incarner une pensée unique, reflète au contraire une mosaïque de significations qui en définit sa richesse universelle. Gardez donc à l'esprit que l'on ne peut octroyer un seul sens à un arcane, et que chaque lame du tarot de Marseille est nantie de polarités négatives et positives, à l'instar des êtres humains !

J'espère que cet ouvrage, en symbiose avec la société actuelle, vous aura donné les clés d'une meilleure compréhension de ce bel outil divinatoire. J'ai voulu démystifier son utilisation en le rendant accessible à tous sans exception, quels que soient son parcours et ses origines, battant en brèche les inepties et autres sempiternels clichés sur le tarot de Marseille, certains étant si éloignés de la quintessence exprimée par chaque arcane majeur.

Ne vous y trompez point, il n'y a pas de mystère. Plus vous pratiquerez le tarot au quotidien, plus vous serez à même d'en maîtriser ses codes et son langage. C'est la richesse et la diversité de mes consultations qui m'ont permis de recenser ce corpus que je vous invite à compléter du sceau de vos propres expériences. C'est précisément toutes ces consultations privées qui en font un ouvrage de référence ne se limitant pas à des considérations purement théoriques ou métaphysiques, certes intéressantes d'un point de vue philosophique, mais tellement peu pratiques pour l'interprétation de vos tirages de tarot. Cet ouvrage se veut être une base de travail « clé en main » que vous pouvez agrémenter avec n'importe quelle méthode de tirage. Il constitue une aide divinatoire très précieuse qui intéressera les passionnés de tarot de Marseille de tout horizon socioprofessionnel.

Enfin, selon votre niveau et vos besoins, vous pouvez avoir envie de vous procurer mes précédents ouvrages dont je vous résume la pensée ci-après :

Tarot de Marseille : Guide d'interprétation des 462 binômes. Cet ouvrage, paru en septembre 2010, est idéal pour comprendre l'interaction des arcanes majeurs les uns avec les autres. Je le recommande cependant plus facilement aux faux débutants ainsi qu'aux professionnels de la tarologie. Une bonne entrée en la matière pour comprendre qu'un arcane révèle tout son potentiel qu'au contact d'un autre. Une version enrichie est parue en 2014.

Tarot de Marseille : Guide de l'utilisateur. Ce livre, paru en mars 2014, est accessible à tous, du grand débutant au tarologue plus aguerri. La première partie est consacrée au descriptif des 22 arcanes majeurs sous forme de fiches signalétiques d'une grande originalité, tandis que la seconde partie expose ma méthode de travail au travers d'une kyrielle d'exemples précis issus de mes expériences sur le terrain. Un bon livre pour apprendre le tarot.

Ma sélection de lectures sur le tarot de Marseille

Dans cette rubrique, je vous conseille différentes lectures sur le tarot de Marseille afin de parfaire vos connaissances de ce bel outil divinatoire. Cet échantillon représentatif qui me tient particulièrement à cœur vous ouvrira les portes sur des aspects du tarot de Marseille que je n'ai pas forcément approfondis dans mes ouvrages :

Au fil d'arcane. Arcanes majeurs – Arcanes mineurs par KLEA aux éditions du Dauphin

Ce livre est une véritable perle que je recommande vivement à toutes celles et ceux qui utilisent les arcanes mineurs dans leurs tirages de tarot. L'auteur propose un descriptif des arcanes mineurs très détaillé dans la première partie de son livre. Les arcanes majeurs sont également traités avec beaucoup d'intérêt dans la seconde partie du livre. Un excellent livre de chevet sur le tarot de Marseille.

La voie du tarot par Alexandro Jodorowsky aux éditions Albin Michel

Un incontournable dans l'univers magique du tarot de Marseille. Hormis le fait qu'il traite des mineurs et des majeurs, je le recommande surtout pour la symbolique rattachée aux arcanes majeurs, et notamment pour la manière avec laquelle l'auteur a découpé chaque arcane majeur afin d'en extraire sa quintessence. À posséder impérativement dans sa bibliothèque.

Tarot facile ou les images de votre vie par Régine Saint-Arnaud aux éditions Ambre

Un livre très imagé, conçu comme une bande dessinée qui propose un descriptif très précis des arcanes majeurs, avec une liste de mots-clés en fin de chapitre. Je le conseille à tous les aficionados de la méthode dite « en ligne ». En effet, la dernière partie du livre consacrée au vécu de la consultation propose des exemples de tirages en ligne très pertinents, avec le retour d'expériences des principaux intéressés. Un livre que j'ai adoré de A à Z tant il adhère à ma vision du tarot de Marseille.

Méditation sur les 22 arcanes majeurs du tarot aux éditions Aubier

Ce bel ouvrage est avant tout un voyage philosophique, une introspection au cœur des 22 arcanes majeurs sous le prisme de l'hermétisme chrétien et de la kabbale juive. Certes difficile d'accès aux non-initiés, il n'en demeure pas moins un livre de référence en matière de tarologie. Je le conseille pour méditer sur le sens de la métaphysique et du symbolisme rattachés aux lames du tarot de Marseille. À lire et à relire pour s'en imprégner.

Remarque. Cette courte sélection m'appartient. Elle n'est certes pas exhaustive, tant s'en faut, mais elle a le mérite de vous ouvrir à d'autres horizons, et de compléter ainsi votre apprentissage du tarot de Marseille et d'en perpétuer la tradition.

Enfin, j'en appelle à tous les passionnés de tarot de Marseille à visionner l'émission ***Les mystères du tarot*** diffusée sur ARTE le 18 février 2015, une émission qui offre un point de vue inédit sur les origines du tarot de Marseille. Un documentaire « vivant » sur l'histoire du tarot de Marseille !

Remerciements

Je tiens à exprimer toute ma gratitude et ma sympathie à Didier Remer pour avoir procédé à une relecture du présent ouvrage et pour m'avoir fait part de ses précieux conseils. Je souhaite également remercier Isabelle Nadolny pour sa collaboration aux avant-propos, et notamment pour m'avoir communiqué sa passion et ses grandes connaissances sur l'histoire du tarot de Marseille.

Table des matières

DU MÊME AUTEUR

ISBN : 978-2-84197-547-1
Format 16 x 24 cm
496 pages

Accessible à tous et simple d'utilisation, ce guide exprime toute la saveur et la richesse du Tarot de Marseille au travers de ses 462 binômes. L'auteur explore tous les domaines qui nous intéressent au quotidien : travail, amour, santé, etc. Ainsi, avec plus de 8000 scénarios à portée de main, vous trouverez des réponses claires à toutes vos interrogations.

Cet ouvrage de référence, étonnant de précision, vous permettra de décoder aisément tous les messages du tarot.

Telle une bande dessinée, le graphisme des deux cartes en présence vous aidera à comprendre le type de scénario auquel vous êtes confronté.

DU MÊME AUTEUR

ISBN : 978-2-84197-652-2
Format 15,5 x 24 cm
256 pages

Après le succès de son premier ouvrage « Tarot de Marseille - Guide d'interprétation des 462 binômes », Florian Parisse nous présente aujourd'hui un manuel pratique destiné aux usagers du Tarot de Marseille. L'auteur consacre la première partie de son « Guide de l'utilisateur » à brosser le portrait-robot des 22 arcanes majeurs sous forme de fiches signalétiques très complètes et d'une grande originalité, permettant aux grands débutants de saisir toutes les nuances de ce bel outil divinatoire.

S'appuyant sur ses ateliers de tarot et le vécu de ses consultations privées, l'auteur nous dévoile ensuite sa méthodologie, et notamment les techniques qu'il convient d'observer afin d'interpréter le tirage en croix dans les règles de l'art.

Pour chaque rubrique abordée dans cet ouvrage (travail, finances, amour, santé), l'auteur nous fait part de cas pratiques, des entretiens privés qu'il a réalisés à son cabinet, accompagnés du retour d'expérience des intéressés. Enfin, une « caisse à outil » est mise à notre disposition de manière à nous fournir toutes les clés nécessaires à une bonne lecture du Tarot de Marseille.

Ce second livre, didactique et pédagogique, saura ravir l'apprenti tarologue.

numérique
Impression & brochage - France
Numéro d'impression : N04875220307 - Achevé d'imprimer : avril 2022
Dépôt légal : novembre 2015
IMPRIM'VERT®